高校体育文化理论与实践研究

郑　密　李　莹　刘妍妍 ◎ 著

 吉林出版集团股份有限公司

图书在版编目（CIP）数据

高校体育文化理论与实践研究 / 郑密，李莹，刘妍
妍著. — 长春：吉林出版集团股份有限公司，2022.4

ISBN 978-7-5731-1400-6

Ⅰ. ①高… Ⅱ. ①郑… ②李… ③刘… Ⅲ. ①高等学
校—体育文化—研究 Ⅳ. ①G807.4

中国版本图书馆 CIP 数据核字 (2022) 第 055506 号

高校体育文化理论与实践研究

著　　者	郑　密　李　莹　刘妍妍	
责任编辑	郭亚维	
封面设计	林　吉	
开　　本	787mm×1092mm　　1/16	
字　　数	210 千	
印　　张	9.5	
版　　次	2022 年 4 月第 1 版	
印　　次	2022 年 4 月第 1 次印刷	
出版发行	吉林出版集团股份有限公司	
电　　话	总编办：010-63109269	
	发行部：010-63109269	
印　　刷	北京宝莲鸿图科技有限公司	

ISBN 978-7-5731-1400-6　　　　　　　　定价：68.00 元

前 言

众所周知，中国体育文化发展具有历史悠久、形式多样的特点，中国体育文化是中华民族历史以来创造和累积的重要财富。发展我国的文化，不仅仅是那些千百年来留下的古迹文化，也应该包括我们生活中的体育文化的发展。而事实上，我国的体育文化发展于20世纪后期便已经兴起了，随着改革开放的发展动向，基于市场经济的崛起，体育文化在短时间内得到了较大的发展。体育文化不仅仅体现着一个国家的体育力量，更间接的体现出了一个国家的真正实力。体育，这不仅是一种文化，更是一种精神，一种积极健康的生活方式的象征，是乐观向上的生活态度。体育的产生和发展首先都具有一定的民族、地域特色，根植于一定的民族、地域文化之中。作为一种社会文化现象，体育是多种文化的"公共车道"，在共同的体育文化里，不同的群体能够更有效地进行交流。随着"地球村"的不断推进，体育也逐步国际化、标准化，成为一种全球性的文化现象。体育文化是一个国家文化的重要组成部分。

跨文化交流可以加强国际人民的联系，增强各民族文化沟通与交流。随着经济全球化的不断加强，国际体育事业日益发展，各民族体育交流非常频繁，作为全球化语言交流媒介以及全球文化传播和交流平台的英语，各国人民运用地越来越多，在体育比赛的闲暇之余，各国人民不断就本民族意识形态、经济文化、地域特色、行为习惯等进行沟通交流，在精神领域获得了认可，意识上获得了共鸣以后，关系不断增进，各国运动人员获得了深厚的跨国友谊。跨文化体育交流不仅可以缓和国际的紧张局面，还能够促进国际和谐与稳定。各个国家可以通过体育事业建立深厚的外交关系，例如，"乒乓外交"就使得中美建交，此外，各个国家申请举办奥运会或者著名的国际体育赛事，也可以和其他国家建立经济或者政治上的联系，增进国际友谊，缓和国际紧张情况，总之，在体育事业日益重要的今天，跨文化体育交流对国际社会有着越来越不可比拟的影响。

体育运动是人类特有的文化行为，它满足了人类对健康与娱乐的需要。不仅如此，体育还为跨文化交流提供了一个平台，促进了不同文化间的交流。这种跨文化不仅是跨国的文化，还包括跨地区、跨种族以及小群体之间的跨文化交流。本书主要探讨了体育文化差异与跨文化交流，内容完整，深入浅出。

目　录

第一章 体育文化概述

第一节 文化与体育文化

一、文化的概念

"文化"的德文为 Kuctur，英文为 Culture，两者都源于拉丁文字 Culture，意思是耕作、培养、教育、发展等。其含义逐步演化为个人素养，整个社会的知识，思想方面的素养，艺术、文学作品的汇集，进而引申为泛指一定社会的全部社会生活内容等。

英国文化人类学家泰勒在其著作《原始文化》一书中对文化的表述可能是目前最有权威的一个文化概念，他认为："文化或文明就其广泛的人种学而言，是一个复杂的整体，包括知识、信仰、艺术、道德、法律、风俗及作为社会成员的人所获得的才能与习惯。"

"文化"在中国出现较早，《周礼》中有"观乎人文以化天下"，汉代刘向在《说苑》中指出"凡武之兴，谓不服也，文化不改，然后加诛"，晋朝束暂在《补王诗》中说"文化内楫，武功外悠"等，文化在这里指的都是"文治教化"的意思，与今天意义上的文化不完全相同。最早在现代意义上界定文化的是梁启超，他于1912年12月发表在《灯学》上的《什么是文化》一文中指出："文化者，人类心能所开释出来之有价值的共业也。"

文化"一词，历来有许多不同的定义，对其众说纷纭，足见这一概念是有一定的模糊性。从辩证的观点出发，"文化"有广义和狭义之理解，对"文化"的广义理解是指人类社会历史实践过程中新创造的物质财富和精神财富的总和。而狭义的方面是指社会意识形态以及与之相适应的制度和组织机构。故文化是一种历史现象，每一社会都有与其适应的文化，是一定社会的政治和经济的反映。具体地讲，文化是人类创造的产物，是社会实践的结晶，是构成社会诸种现象和事物的复合体。它除了以教育、科学、艺术等为组成部分外，还包括人们物质生活关系中的饮食文化、服饰文化和体育文化等。

把体育作为一种文化现象来加以认识，便产生了综合全部体育活动的概念——体育文化，体育文化必将成为21世纪与传统的其他文化相融的文化领域里的主题。"体育文化"一词，最初直译为"身体文化"。"身体文化"一词被广泛地加以解释和使用。如，法国阿莫罗斯体操派认为身体文化可以直接理解为锻炼身体的规律；法国演员德尔萨特创编的身体演练形式，以"德尔萨特身体文化"之名在美国妇女中风行一时，这种动作和姿态来表示情感的健身活动，有力地促进了现代舞和艺术体操的诞生。20世纪，对身体文化这一概念的解释和使用更为多样化。有人认为身体文化就是身体锻炼；有人认为身体文化是旨在促进健康和增加体力的身体运动体系，是与自然的运动形式相对应的人为的体育形式；也有人认为身体运动不仅要用科学来解释，它还可以显示出生命的旋律和美，是文化的表现体。二次世界大战后，因此，很多国家都把"身体文化"作为关于体育的广义概念来使用，认为它是整个文化的组成部分。

体育文化虽由社会的政治经济所决定，然而它一经产生，就具有相对独立性，就有其自身的发展规律。作为一种文化形态的体育具有继承性，因而具有自己相对独立的历史。这就要求我们在对体育的整体认识时，必须追溯它的历史发展过程，揭示体育与其他文化现象的内在联系，抓住主要环节，寻找它的特殊规律。

通过对文化概念的研究和理解，通常来说，文化有广义文化和狭义文化之分。

（一）广义文化

广义文化是指人类作用于自然界和社会的成果的总和，包括一切物质财富和精神财富。着眼于人类社会与自然界的本质区别，涵盖面非常广泛，所以又被称为"大文化"。一般来说，文化哲学、文化人类学等学科的研究工作者多认同这种看法。梁漱溟在《中国文化要义》中指出："文化，就是吾人生活所依靠之一切。文化之本义，应在经济、政治，乃至一切无所不包。"

关于文化的结构，有诸多学说。其中包括：物质文化与精神文化两分说；物质、制度、精神二层次说；物质、制度、风俗习惯、思想与价值四层次说；物质、社会关系、精神、艺术、语言符号、风俗习惯六大子系统说等。下面以四层次说为例阐述文化的概念。

1. 物态文化

物态文化层由物化的知识力量构成，是人的物质生产活动及其产品的总和，是可感知的、具有物质实体的文化事物，构成整个文化创造的基础。物态文化以满足人类最基本的生存需要——衣、食、住、行为目标，直接反映人与自然的关系，反映人类对自然界认识、把握、利用、改造的深入程度，从而反映社会生产力的发展水平。

2. 制度文化

制度文化层由人类在社会实践中建立的各种社会规范构成，包括社会经济制度、婚姻制度、家族制度、政治法律制度，家族、民族、国家、经济、政治、宗教社团，教育、科技、艺术组织等。人的物质生产活动是一种社会的活动，只有构成一定的社会生产关系才能进行。人类与动物最大的不同之处在于，他们在创造物质财富的同时，又创造了一个属于他们自己、服务于他们自己、同时又约束他们自己的社会环境，创造出一系列的处理人与人相互关系的准则，并将它们规范成为社会经济制度、婚姻制度、家族制度、政治法律制度，家族、民族、国家，经济、政治、宗教社团，教育、科技、艺术组织等。这一部分成果虽然不直接与自然界发生关系，然而它们的特质、发育水平归根结底是由人与自然进行物质交换的一定方式所决定的。

3. 行为文化

行为文化层以民风民俗、风俗习惯的形态出现，见之于人们日常起居动作之中，是最具有鲜明的民族、地域特色的行为模式。由人类在社会实践，尤其是在人际交往中约定俗成的习惯性定势构成。它是一种社会的、集体的行为，不是个人的随心所欲。

4. 心态文化

心态文化层由人类社会实践和意识活动中经过长期孕育而形成的价值观念、审美情趣、思维方式等构成，是文化的核心部分，同时更是文化的精华部分。

（二）狭义文化

狭义文化指意识形态所创造的精神财富，包括宗教、信仰、风俗习惯、道德情操、学术思想、文学艺术、科学技术、各种制度等。狭义文化排除人类活动中关于物资创造活动及其结果的部分，专注于精神创造活动及其结果，因此又被称作"小文化"。作为意识形态的产品，狭义文化是对社会的政治和经济的反映，又反作用于一定社会的政治和经济。不同的社会形态都有着各自适应的文化，每一种文化都会随着社会物质生产的变化而发展，不断丰富。

对广义文化与狭义文化的概念界定，一般由研究者的学科、课题、内容而定。但无论如何取舍，狭义文化在逻辑上都从属于广义文化，与广义文化不可分割。对人类精神创造的研究中，我们绝不能忽视物质创造活动的基础意义及其产生的决定性作用；对心态文化的研究中，也绝不能忽视物态文化、制度文化、行为文化的影响及作用。总而言之，任何对狭义文化与广义文化进行割裂的做法都是有偏颇的。

二、体育文化的含义

（一）体育文化相关概念辨析

只有理解了与体育文化有关的几个概念，才能更好地认识和理解体育文化。

1. 体育文化丛

体育文化丛是指在一定时空中产生和发展起来的一组功能上相互整合的体育文化特质丛体，是一个研究体育文化特质的单位，例如，武术文化作为传统体育文化的一个特定的内容在其历史发展中受到文化的辐射，从单纯军事需要的实用性的局限中解脱出来，既保留着攻防技击的精髓，又发展了健身和审美的方面，建立起完善的武术文化丛体。体育文化丛是各种文化特质持续发展、相互整合的结果，从而共同形成了文化特质交错的体系。

2. 体育文化冲突

随着社会的发展，逐步形成了不同类型、不同模式的体育文化。这些体育文化之间的价值观念参差有别，甚至有冲突，这就是所谓的体育文化冲突。体育文化冲突是体育文化交流中常见的现象。

引起体育文化冲突的原因有很多，主要包括以下两个方面。

（1）不可超越的时代特征。体育运动是社会文化主体的部分，必然地与时代文化合拍。我们可以恢复奥林匹克运动，然而古奥运会的意义和现代奥林匹克运动有别；一百年的现代奥林匹克运动，也因不同的时段而给人们不同的感觉。体育文化冲突中的时代性典型地反映了体育运动的社会性特征。

（2）文化区域上的差异。体育运动发生的源头是以民族区域为基点的，体育文化先于体育交流而存在。身体活动方式尽管有其体质学意义上的共同性和一致性，然而组成各种运动的思路和情趣则蕴藉着民族区域的文化观念。

3．体育文化交流

体育文化交流构成了世界体育演进的历程，在交往的进程中，触发了一系列体育文化观念的比较、冲突和变迁，为此而推动了世界体育总体发展的步伐。体育文化交流抗拒了本民族的某些保守性。体育文化交流成为进步的表征，这是体育文化动力精神力量的驱使。因此，体育文化交流的含义包括以下几个部分。

（1）体育文化的共享性。体育运动建立在简洁明了的游戏规则基础上，这种游戏规则作为文化符号，具备了广泛交流的前提，为此，不同语言、不同肤色的民族的运动员可以同场竞技而无障碍。

（2）体育运动区别于其他社会文化方式或形态，其本身就是以交流存在的。体育运动的竞技性决定了它的"开放性"主流趋势。这种竞技性不仅仅局限于体能上、技艺上和以胜负得分的竞争中，并且从价值观念、组织制度、竞赛规则，甚至与体育运动有关的依附于体育运动而存在的器物等诸多方面，充分体现了以交流而涵盖的体育文化。

（3）体育文化交流体现出文化关系，具体地表现为融合、冲突、干涉、影响且是双向互动的。中国人接受以西方体育为代表的奥林匹克运动和武术冲出亚洲走向世界的过程，都表明了体育文化交流中的文化关系。

（4）体育交流具有文化载体的作用。体育文化交流中从来就不是单纯的体育文化行为，政治、经济、社会文化的多重意义附加在体育文化交流中，进而作为文化载体。

（二）体育文化的基本含义

体育文化与体育不是同一个概念，前者是结构性的而后者是动力性的。体育文化同一般文化概念也不是一个概念，由于在体育文化中，结构不仅是行动的中介工具，也是行动本身；不是对竞争和进取的制约，而是竞争和进取的条件和保证。换句话说，体育文化不是要束缚、压制人类狂野强悍的原始生命力，而是要把它纳入互相促进而不是相互破坏的轨道。再换句话说，体育文化精神的根本在于是使人类的理性结构成为感性力量借以进行的最有利的方式。

体育文化之所以有价值和值得发扬，就在于它有助于形成进取性道德和竞争心态，有助于克服懦怯、乖巧、卑劣等缺乏竞争能力者的心态，从而纠正我国传统文化心理结构的倾斜不平衡状态，对于改善我们个人的和民族的精神素质和身体素质，增强我们民族的生命力，起到它自己的作用。这个作用，对于社会的进步，对于当前正在进行的改革和现代化，也是一种推动。体育文化具有如下几个性质。

1. 体育文化的人类性

体育文化的人类性指一个民族的体育文化中所具有的普遍性的品格能够被世界其他民族理解或吸收，其动因是人类具有超越民族界限的共同的同一需求和理想。体育文化是一个民族的体育文化中最能代表它的精神风貌、最有生命力的要素，具有世界性的价值和意义，如，中华民族古老的养生文化具有追求生命质量的人类共性，这是人类体育文化的一部分，有着超越地域、语言、民族、国家界限的力量。

2. 体育文化的民族性

人类文化既有共性也有个性，这种人类文化的差异性，就是民族性的表现。各个不同地域的人类，创造了不同类型、不同形态的文化，又塑造了具有不同文化特征的群体。任何形式的民族文化，都与本民族的形成、延续和发展密切相关，都与本民族的地理环境、风土人情、经济条件、生产水平乃至社会结构相适应。

同文化的产生一样，任何一个民族的体育文化也都是在相对固定的地域内逐步发展成为全民族共同的文化现象的。因此，从这个意义上来讲，任何体育文化都是民族的，超民族的体育文化是没有的。然而，一个民族的体育文化生长到一定程度便要膨胀，必然会突破旧有的躯壳向外部扩散，同其他民族的体育文化接触，或者被动地受到来自外部的影响。

体育文化民族性的核心内容是民族的语言、心理、性格以及在此基础上形成的体育文化模式。不同的语言、心理、性格导致生活方式和体育文化的差异，这些差异又内化于民族的心理和性格等因素中，同化了体育文化的民族性，从而使之难以动摇。

3. 体育文化的时代性

文化也具有特定的性质、特定的内容和特定的形态，表现出鲜明的时代性。不同时代具有不同的体育价值观念，我们不能用一个绝对的标准来衡量不同时代的体育文化。对于体育文化的评价必须站在历史的角度审视，既要看到其进步性，又要看到其时代的局限性。

体育文化的时代内容与形式使体育文化发展呈现不同的阶段。同时，任何一种体育文化都既具有时代性，又具有民族性，二者之间是一般与特殊的关系。通常表现在不同民族的文化在同一时代具有相同的时代特点，同一时代同一民族有相同心理的文化；特殊表现在不同民族的文化即使在同一时代但各具民族特点，同一时代同一民族又有不同阶级、不同党派的不同心理的几种文化。由此可见，文化的民族性就包含在时代性之中，文化的时代性就包含在民族性之中，这是同一内容的两种不同性质。

4. 体育文化的继承性

体育文化的继承性，是指体育文化经过不同时代仍然保留原有某些特质的属性。任何文化都是人类的创造物，由于人类意识的历史积累性和文化传播特性，体育文化具有通过语言、文字、图像等媒体在人们的意识领域和社会价值体系中传承的特性。当然，体育文化由于以身体动作为基本形式，因此身体是其主要传承形式，然而依附于体育文化之上的独有的语言和文字也具有强大的传承功能。

发展到现代社会，体育赛事越来越多，通过这种大型体育比赛的形式可以更好地传承体育文化，其中有关体育的谚语、歌曲、雕塑、电影、邮票等实物也是使得体育文化传承的不容忽视的主要形式。

5. 体育文化的变异性

体育文化的变异性，是指体育文化在形成与发展的过程中发生内容、结构甚至模式变化的属性。历史的发展并非是一成不变的，它必须要在历史流程中不断吸取外部世界和其他体育文化的先进和积极因素，对自身进行调试，才能得到进一步的发展。传播与交流是文化发展的动力之一，没有传播和交流的文化就难有变化，没有变化的文化会死水一潭，直到死亡。当然，体育文化的变异并非总是积极的，或全部是积极的。历史发展的曲折性就表现在体育文化发展的方向是进步的，然而在前进过程中会有挫折。中国文化自殷商以来，代代相承，虽多有曲折，却从未中断，中国的体育文化也是如此。但是，中国体育文化也经历过几次明显的变异，先秦崇尚"武勇"的体育文化到汉代变成了"费力尚德"的体育文化，汉代和唐代激烈的足球文化到宋代成为单球门的游戏。这些变异都体现了体育文化的属性。

三、传统文化与体育文化都具有民族性

传统文化是以民族的形式发展起来的。民族在其产生、发展的过程中所形成的民族语言、民族性格、民族精神、风俗习惯、传统与道德、生活方式以及社会关系等，构成了传统文化的特征。

传统是由复杂的历史构成的，是一定区域和一定的社会生活共同体中的人们在实践的历史过程中，生成、积累、稳定了的经济、文化、心理、艺术、道德、社会组织形式等方面的因素与特征的组合体，含有一定的价值观念。各社会生活共同体中的语言、宗教、精神、道德、艺术、民族气质等，构成了各种传统文化，标明了一种传统文化的影响，在体育活动方面表现出了相对独立的发展，体现出较强的民族特征。

共同的经济生活，是民族特征的前提，也是传统体育各具特色的基本条件。如，牧民善骑，狩猎民族善弓弩；北方喜溜冰雪，南方喜水划舟，这些都是长期共同劳动中形成的丰富多彩的传统项目。今天，如此狭小局限的这些民族体育活动项目，已走上国际化轨道，亦将成为 21 世纪体育文化所不可缺少的一大景观。

表现于共同文化上的共同心理因素，是一个民族的物质生活条件、历史发展、地理环境的特点在精神上的反映，也可以称为民族性格或共同心理状态。它具体表现于民族的生活习俗和生活风尚与宗教活动中。传统文体对于体育的影响，主要表现于某一时代民族或

阶级的人们所共有的东西，如，心理状态、思维方式、社会风俗、人情世态之类，一经形成，就会渗透到社会生活的一切方面。中国的民间体育活动划龙舟、踢毽子，西班牙的斗牛，日本的相扑，泰国的泰拳等，都是能够体现民族性格的体育项目，充分反映出传统文化给体育带来的民族性。

第二节　体育文化的产生与发展

一、中国体育文化的产生与发展

从广义上来讲，体育文化的实质就是围绕体育运动而引起的一系列行为文化和精神文化，其核心就是人类对自身和社会的复归。我们都知道，体育文化有着悠久的历史，反映的是人们劳动过程中，随着人类文化共同发展的，尽管人类在最开始的时候并未形成单独的体系，然而就其整个人类文化而言，体育文化的形成都是不容忽视的。体育文化的起源体现的就是在人类从动物的野性转变成人性的过程中多种因素综合演化的结果，因此也充分体现出体育文化浓厚的民族特征。

就我国早期的体育文化产生而言，受到儒家文化的长期影响，体育的侧重点就是修身养性，具有很强的内向性、封闭性以及圆满性。而不同时期，肯定都会有不同的发展，而体育文化也不断地受到各种文化的熏陶、渲染而越发地具有积极意义，越来越成为一种健康的、独立的、为人们的生活能够带来动力的文化。就比如，在等到体育价值观念转变后，我国的体育文化格局也逐渐被打破，对于人格塑造以及社会发展起到了积极作用。尤其是在近几年，随着全球化的脚步逐步加快，体育事业也逐渐得到发展，这也为我国的体育文化发展起到了推动作用。于个人，强身健体，是一种健康的生活方式；于学生，增强体质和智力的增长，增加其在生活中的战斗能力；于国家，促进我国体育教育事业的发展，为国家提供高素质的健康积极的人才。

二、当前我国体育文化发展中存在的问题

（一）传统体育文化被忽视

随着时代的变迁，人们的观念也逐渐改变，体育中竞技体育逐渐得到了重视并长足发展，而传统体育文化往往被忽视。全球化的进程不仅影响着多方面的发展，对于中国体育文化的转型也很大的影响，随着奥运会、亚运会等等国际体育交流竞技活动的不断发展，体育受到了更多的关注。然而就目前的情况来看，竞技体育已经成为国家关注、人民注重的项目，而传统体育文化逐渐淡出了人们的视线。特别是，在国际体育的比赛中，其实大多数国家以及国家的公民都是关心比赛的输赢，而不是体育本身，虽然在这样的比赛中会

对动作是否标准来判定得分，这样的体育虽然应该重视，然而对于注重传统文化的我国来说，这无疑是传统体育文化的制约因素。这也是我国传统体育文化，例如，武术、赛马这样的体育运动没有得到很好发展的原因之一。体育是一门艺术，也是一门文化，忽视体育文化的发展是弊大于利的，体育文化是我国文化发展不可缺少的部分，要对其重视，并提上文化发展的议程，真正意义上把传统体育文化发展起来，传承起来。

（二）体育文化交流不平等

对于我国体育文化与世界的体育文化交流的情况来看，因民族情结严重，这也严重在阻碍了中国体育文化的发展。我们通常在中华民族伟大的传统文化，并应将其发扬光大的思想中生活，在体育全球化的大趋势下，世界各国的文化都将对中国的体育文化交流产生大的冲击。中国古代的养生健康、道德教育为一体的体育文化与西方的公平竞争、拼搏进取形成鲜明的对比，在实际的体育文化交流过程中，我国体育文化与西方体育文化的交流存在不平等现象，就其原因主要是我国体育势力不如西方发达国家，再加上各种体育文化间的冲突，中国体育文化在全球化的趋势下还需要积极地寻找平等的对话机会，并保持自身的文化特征。体育文化的发展的全球化是必然趋势，我们不能违背。然而，体育文化也应该保持自己民族的特色，属于东方文化的一些体育精神也应该得到传扬，而不是一味地接受外来国家的体育文化，改变我国的体育文化顺应全球趋势，而是应该我们把具有特殊性的民族体育文化传播到世界各地。让我国的体育文化也能扬眉吐气，在国际的文化领土上占领一席之地。文化是一个民族的精髓，

在当前的体育教学的文化下，教师在教学过程中要合理的培养起学生对我国体育文化的重视，不要崇洋媚外，忽略或不把我国的体育文化当回事。当然这个首先要求，体育教师先明确和正视自己的观念是否正确。

（三）体育精神太过利益化

此外，市场利益也侵蚀着中国体育文化精神，伴随着经济体制的改变，体育市场化逐渐受到人们的关注，但因缺乏完善的制度体系，市场化的发展也产生了很多负面影响。本来，竞技体育的本质就是人们最求真善美的一个过程，是发扬奋斗精神的运动，而近年来，中国体育文化交流也逐渐出现了商业化、职业化的趋势。很多比赛弄虚作假，商业化和暗箱操作问题多多，这些因素也直接使得经济体育成为一种受利益控制的商品，因而也失去了本身的价值。文化是一种信仰，而如果将这种信仰变成了赚钱的工具，那这种信仰又有何意义。由此，体育文化的参与者和组织者，其目的就显得不纯洁，中国体育精神势必受到严重的污染，这也严重制约着中国体育文化发展。而我国的国家部门，也应该出台相应的整顿体育文化市场的政策，把体育文化中的歪风邪气压制住，发扬好的体育文化。

三、针对我国体育文化的发展方向提出几点思考

体育行业的发展已经逐步开始向全球化、休闲化、民族化和市场化发展，笔者对此进

行具体的研究分析。

（一）打造全球化的体育文化

在全球化的发展趋势下，为了促进我国体育文化的进一步发展，我们应着重将体育文化网全球化的方向打造。而全球化发展又是一把双刃剑，既能给一个民族或者国家带来机遇和挑战，更会带来一定的影响。站在我国体育文化发展的角度来看，在全球化的带动下，重要的就是要抓住机遇，创新出具有中国特色且符合世界体育文化发展的新型体育文化。就目前来讲，我国很多尝试已经开始投入建设大量的公共体育设施，获得了更多的体育资源，用以发展我国体育文化。全球化的新形势下，要发展与社会相符合的体育文化产业，就需要完善的体育制度文化保障，充分利用现有的国际交流，扩大我国体育文化的发展渠道，结合总体的趋势和良好的环境，以完善我国体育文化发展制度上的一些缺陷，从而推动我国体育运动又快又好发展。

（二）休闲化我国体育文化

作为一种实践活动，现代社会休闲体育即实现了人的全面自由发展，又是体现我国体育与社会和谐发展的最重要表现。21世纪以来，全球体育都进入了一个休闲化的时代，作为一种社会文化现象，体育已经逐步被人们所认同，逐渐成为一种科学、健康、有趣的民族参与休闲活动动机。休闲体育已经成为提高民众生活品质、促进文化发展以及发展人民健康生活的关键载体。例如，在我国的首都北京，有许多外国人被具有中国特色的麻将所吸引，而体育文化为什么就不能呢？这关键还是得看我国怎么去保留这些传统的体育文化的完整性。因此，充分发挥休闲体育的休闲参与价值，以吸引民众参与到活动中来，最终提高我国人民综合素质和社会文明进步做贡献。

（三）结合民族打造民族化的体育文化

众所周知，我国是一个多民族的国家，各个民族的文化也自成系统，这也使得我国传统文化呈现出多元化的特征。不仅如此，中国传统体育文化也包含了各个民族体育文化体系，而在发展我国体育文化的同时，我们不能忘记传统体育的精神和文化，在继承传统文化的基础上，结合实际形势来寻求新的突破和体育文化的发展方向。由此来说，我国体育文化的发展应以反映民族文化思想、体现民族风格、优化民族人格、展现传统文化为基础，确定好我国体育文化在国际上的地位和基本需求，立足于全球性和休闲化再发展民族化的发展策略，全面推进中国体育业文化的进一步发展。

（四）市场化我国体育文化

随着市场经济的发展，市场商机也变得越来越多样化，体育文化的发展已经打造出了以体育产业为主的商业体系，成为当前市场上最火爆、最赚钱的行业之一。体育行业不但满足了人们的精神娱乐和身心健康的需求，同时还创造了巨大的商业机会，进而带来了不可估量的经济效益。社会在不断进步发展，人们在物质需求的基础上逐步向精神需求转移，人们对健康的需求也越来越重视。因此，体育已经成为当前人们生活的重要组成部分，人们在体育行业的消费水平也在大幅度提升，从而体育行业在市场上形成了庞大的消费市场。人们生活水平的提高为体育行业在市场中的地位越来越高，使社会经济和人民生活质量成健康发展的状态，全民体育的现状为体育行业带来了巨大的经济效益。当前竞技体育中出现高难度和高水准的运动技能推动了体育产业的快速发展。总之，体育行业在社会各种因素的带动下，体育行业的潜能已经被大量的开发出来，在市场需求和媒体的大量宣传中，体育产业已经成为当前市场上高利润产业。

因此，对于我国的体育文化发展现状来看，要实施可持续发展的体育文化战略，就必须以我国的实际国情为基础，结合传统文化与全球化的体育文化发展形势，充分利用现有的资源，进一步打造操作性更强、实施性更高的体育文化发展战略，进而促进全球化、休闲化以及民族化的中国体育文化方向发展。

第三节　体育文化的构成与特征

一、体育文化的构成

体育文化不外乎这三个层面：体育文化的物质要素，是文化的物质的实体层面，有时又称为物质文化，包括凝结体育文化特质的各种物质产品；体育精神文化，也就是体育文化的心理要素，属于文化的精神、观念层面；体育制度文化，是指体育文化的行为要素，也就是体育文化的行为方式，指的是制度规范层面。

（一）体育物质文化

体育物质文化是为了体育目的和需要而作用于自然客体的文化，由于体育文化本身的客体便是人本身，因此，除了体育器材和用品等物质之外，体育运动技术的表现也都归属于体育物质文化的范畴。物质是通过制度和精神而物化的产物，故而，体育物质文化往往在与第一和第二（人工自然）以及其他文化形态的交织中产生和发展。

体育与文艺在娱乐、传播的功效等方面具有共通性，使得体育文艺成为十分重要的体育物质文化。体育理论与文艺理论相结合，共同揭示体育的文化内蕴，阐明体育与雕塑、绘画、音乐、影视、相声、小品、摄影、戏剧、舞蹈、书法、文学（诗歌、小说、报告文学、散文）等的联系，这对于体育文化功能和价值的拓展具有重大的意义。此外，体育实践与文艺实践的关系也很密切。挖掘体育的文化价值，加强对体育文学、体育电影、体育相声、体育小品、体育雕塑、体育歌曲、体育绘画、体育摄影、体育戏剧、体育舞蹈、体育书法、体育邮票、体育博物馆文物、运动会招贴画、运动会吉祥物、运动会会徽、运动队队徽等的特点与规律、宣传与开发的探索，可以使之为社会的物质和精神文明服务。

当前，我国体育物质文化的发展还存在着一定程度的欠缺，主要包括以下几个方面：第一，体育理论研究与文艺理论的结合不够；第二，宏观研究和泛泛而谈多，具体细致的深入探讨少；第三，体育事实列举多。此外，现实中体育活动与文艺的结合也不够，文艺介入体育而不是体育主动去开拓文艺。在文化市场化和大众化的现时代背景下，应该强化并且在当前某些文艺项目不大景气的状况下去寻求突破，以体育的魅力去拯救影视文艺，同时，还应积极引入文学艺术等介入体育，大力挖掘体育的文艺价值，丰富体育的文化内涵。

所有的艺术都具有物质和精神文化的双重属性，体育文艺也不例外。当我们把体育文艺作为物质文化来审视时，更多地从体育文艺产品的物质实体和功利性角度出发的。当前，国内外都出现了体育艺术化的倾向。其主要表现为：第一，艺术家将体育运动作为他们选择题材的重要内容，因为运动就是一代新人青春、活力、能量和高度的情操的体现，因此体育运动得到艺术家的格外垂青。第二，体育电影和运动会会徽等对体育人物形象的揭示、对体育精神的阐扬推动了体育的深入人心，丰富和活跃了人们的文化生活。人们争相购买体育艺术作品和观赏体育文艺活动，形成了一种特殊的经济现象。第三，音乐为体育运动创造愉快和欢乐的气氛，而体育动作、技巧和姿态等又给音乐以特殊的启迪，体育运动成为丰富繁荣音乐创作的极重要的依据，体育音乐受到群众的广泛欢迎。

总而言之，体育的魅力和底蕴要通过文艺来挖掘和展现、传播，文艺的内容、形式和思想性要通过体育来丰富和拓展、升华。体育文艺作为一种特殊的体育物质文化，始终离不开来自体育文艺理论、哲学等体育精神文化的滋养，体育文艺要吸取一切有利于自己发展的营养，从而得到进一步的发展。

（二）体育精神文化

体育精神是人类智慧的结晶，是全人类共有的宝贵的精神财富，它能更好地帮助人们塑造正确的人生观、价值观以及世界观，是不同民族、不同文化背景之下的人们所共同认可的一种观念。因此，我们必须要加强对体育运动的文化内涵和价值构建等问题的研究，只有这样才能够更好地推动中华体育精神的发展，从而带动我国体育事业的进步。

1. 什么是体育精神

一般来说，体育精神就是指人们在从事体育活动时，形成的一种以挑战困难、挑战极限、公平公正、团队协作为主要内容的思想观念和价值观念。对于体育精神来说，其跨越了语言的限制、地域的限制以及民族和民族文化的限制，能够伴随着体育活动而经常性地表现出来，并且具有十分稳定的倾向性。而对体育精神深入研究后我们发现，我们常说的体育精神带有极强的西方文化色彩和特征，其在体育精神中占据着主导地位，无论是从体育项目的起源、发展以及传播还是项目的选择、运动的方式以及成绩评判的标准，我们都能够找到西方文化的缩影。

从空间的角度出发，我们可以发现，体育精神具有一定的社会性和民族性。这是体育精神源于体育活动，而体育活动在发展的时候势必会受到民族文化和社会风貌的影响，也正是因为这样的情况，体育精神能够在一定的社会范围内得到认可，并能够借助社会活动来传递一种普遍认可的价值观和人生观。而从时间的角度出发，我们还能够发现，体育精神带有极强的时代性与历史性。这两者是一个矛盾却又不能舍弃彼此的存在：时代性使体育精神具有了一定的变化特性和调整特性，要求其跟随着时代的发展而发展；而历史性则决定了体育精神具有极强的不可变性和稳定性，要求其较长时间的沿用一种思想理念，不能够轻易做出调整。

2. 体育精神的文化内涵与价值构建

（1）文化内涵

体育精神的文化内涵主要有以下几个方面：人本精神、公平竞争精神、团队精神以及英雄主义精神等。人本精神是体育文化内涵的核心精神，从实践的角度出发我们可以发现，体育运动的主体是具有主观能动性的人，而客体则是人的身心。他可以帮助人们实现自我价值，并展现自我的体能。此外，体育运动还是人们在自主选择并且在自愿的情况下参与的身体活动，是人们自主发展、自我提升的过程，这也体现了体育精神文化内涵的人本精神，是人所拥有的权利、尊严的体现。

公平竞争是体育精神的最好展现。长久以来，伴随着社会发展，人们也越来越重视公平竞争，然而能够真正做到公平竞争的也只有体育运动，能够真正体现公平竞争的也只有体育精神。公平竞争精神主要体现在体育运动的规则意识、自由意识和民主意识之中。它要求所有参赛的人员必须要遵守共同的规则，并且，没有民族、国家等方面的限制。只要不违反规则，运动员能够根据自己的意愿展现自己或者选择退出。公平竞争精神能够保障所有有意愿参加体育运动的人能够处在"同一起跑线"上参加比赛。

（2）体育精神的价值标准

价值标准能够展现主体的需要以及利益，其与价值取向一同构成了价值观念。而对于价值标准和价值取向来说，其二者的关系是手段和目的的关系，价值取向决定了价值标准，而价值标准则反映出了价值取向和价值观念。

一般来说，人本精神的价值标准包含以下几个方面：参加体育运动的人能够展现极强的生命活力，具有优美的形态，并能够保持身心的健康，可以享受到快乐。与其相对的达标标准则有以下几种：要有充沛的体力；肢体匀称、运动时姿态协调且优美；具有较强的社会适应能力，能够调整自己的身心，促使其保持在健康的状态之中；能够通过体育运动获得精神与身体上双重的满足。

公平竞争的价值标准。对于公平竞争精神来说，其价值标准主要体现在公平和竞争之上：首先，其要求体育运动必要在公平、公开以及公正的环境下展开，要遵守比赛的规则，要在抛弃身份、财富等因素的背景下展现自己的力量和智慧等素质。其次，不能够限制参赛人员，不能够以国籍、民族等作为限制因素，要保证大众都能够在自愿的情况下参加比赛。第三，可以在不违反比赛规则和要求的强化下，借助科学的力量提高自己的实力。

　　加强对体育精神的文化内涵和价值构建的研究，能够更好地推动体育运动的发展，也只有这样才能够推动我国体育精神的发展，促使其能够在较长的一段时间中、在保持自己内涵的情况下指导体育实践。

（三）体育制度文化

　　体育制度文化在体育文化系统中处于中介层面，而体育体制则在体育制度文化中处于最高层面，是统领体育一般规范与体育机构的桥梁。这主要表现在体育科研管理体制、学校体育体制、竞技体育体制、体育场馆管理体制、足球联赛管理体制、篮球训练及竞赛体制、运动协会管理体制等。属于通过制度调动人的主观作用来进行体育文化创造的范畴。

　　例如，世界竞技体育管理体制大体分为直接管理型、间接干预型和综合型，美国、西班牙分别是这三种竞技体育管理体制的典型代表。目前，世界各国的竞技体育管理体制主要向着综合型过渡，即采取政府和社会相结合的办法管理竞技体育。

　　在许多具体的体育制度文化方面，世界上存在多种不同风格的体育文化类型。例如，中国和德国的体育科研体制的差别为：德国主要通过联邦体育科研所领导本国的体育科研工作，而中国则是国家体委科教司来领导本国的体育科研工作；德国体育科研机构的设置是少而精，经费充足，人员结构合理，设备先进，科研能力较强，而中国是数量多，经费短缺，人员素质欠佳，科研条件较差。这在很大程度上制约了我国体育文化的发展。

　　上述例子中的体育制度文化虽风格不同，然而都具备了体育制度文化特征。在体育文化系统中处于十分重要的地位，这些体育体制的改善和发展往往极大地推动了体育文化的发展。

二、体育文化的特征

（一）同一性

　　同一性是指主体与客体的同一。体育文化作为一种文化，其作用对象虽然是人自身，但人既有自然性，又有社会性，是一个综合体。因此，体育文化最基本的特征就是人的活动主体与客体的同一性。体育以身体运动为基本形式，以增强体质为基本目的，进而达到身心健全、完善而自由的人的目标，其他文化则多数是间接为人服务的。体育文化的这种特性与哲学上目的和手段的一致性具有内在的契合性。当然，这种主体和客体的同一并非没有反面作用。例如，竞技运动文化中为了追求超越极限体现出对自我的虐待；人类竞技的同类相虐、同性相虐等，这些都是一枚硬币的另一面，对人的身心发展具有消极作用。不过，我们应该看到高水平运动员为成为人类超越自身极限的一面旗帜不能不付出代价，这其中有许多是历史发展必须付出的代价。当前人类的任务是在尽可能不影响运动竞技水平提高的前提下，减少过度异化和摧残运动员身心的行为，将体育文化导向科学和合理的发展轨道。

（二）传承性

人类社会是极其复杂的，在诸多社会文化中，有多种不同的传承载体和表现方式，如，小说和诗歌往往用文字来表现，建筑用建筑物和绘画作品等来表现，茶和酒文化主要通过茶和酒的实物来表现和传承等。尽管这些文化都是人类创造的，都通过各种方式在人的意识领域里留下了印迹，然而，其中许多存留于人的头脑中和观念里的文化虽然具有历史传承件，却在经历了代际传承之后，往往会显得模糊或者难以辨明。有些文化学学者用文化的符号性来指代文化，这里所说的表现和传承载体就是指的文化的符号。

体育文化是一种以身体来表征和传承的非语言文字文化，这是体育文化不同于非人体文化的鲜明特征。比如，战争年代士兵和军官往往可以从身体表现来分别，扛大枪的肩膀与一般人不同，长期戴大檐帽的额际也会有显著标记，这就是其典型表现。不同的运动项目由于人体运动方式的差异导致不同的身体形态特征。比如，游牧民族祖祖辈辈纵马驰骋在原野下，很少步行，使得肩部比较松弛，他们的另一身体文化——舞蹈也体现出多用肩、臂动作的身体形态特点。

体育教育多采用身体动作，这也是体育文化身体传承件的表现之一。如不同项目运动员的伤病各不相同，网球肘是一种常见的运动病症，而许多武术运动员由于蹲马步造成下身与常人的不同特征。

体育文化中的身体运动也往往具有语言的功能。身体运动的节奏有如语音，身体运动的动作、技巧、姿态等有如语汇，动作、技巧、姿态等的衔接规律和组合方法有如语法，两者有机结合在动律中的形态与神态组成体育文化的语言交际功能。许多观众在比赛场上往往能从运动员特殊的运动动作中领悟到许多深刻的东西，这与体育文化的身体表征与传承功能是密切相关的。人们在生活中通常缺少规范的非语言文化的交流，因此体育比赛作为一种身体表征文化对语言的交往方式是一个很好的补充。

另外，体育文化中的身体表征与其他人体文化以及一般生活中的身体语言又有其特殊和规范化较强的特色。不同项目由于场地、器材和设施以及运动方式的限制，其身体表征性不可能完全一样，通常都具有规范化和约律化的特点。这与同样以身体表征为特色的舞蹈文化具有相似之处，但也有差异，两者都以身体动作为表现，要受到身体条件的限制，但体育舞蹈以抒发感情为出发点，身体动作为这一目的服务，而体育以掌握器材和肢体为手段来展现技艺，后者具有更广泛的人体施展空间和余地。足球运动员的各种庆祝胜利方式、乒乓球运动员在紧张时刻的缓解方式等，都体现了体育文化的身体表征性。一般生活中的身体语言和身体形态特征也与体育文化的身体表征性不同。如钢铁、煤矿、纺织工人中由于工作性质往往形成特殊的身体动作定向，这从形式上看与不同项目运动员的特殊身体动作是相似的，但是两者导致的原因是不一样的，前者受生产劳动的目的支配，往往使人体具有工具性和机器性的特征，后者在特殊的运动方式要求下进行，以形成某些专门的技巧和姿态为目的，具有相对科学和合理的自主性特征。

正因为体育文化具有传承性，当前各种各样的通信手段以及电视体育报道日渐抢占了广播和报刊的领地，成为体育文化宣传的主力军。体育比赛的现场直播是极其鲜明地展现体育这种身体表征文化的集中形式，进而受到全世界各国人民的欢迎。

（三）多样性

文化多样性是人类文明的重要特征，是促进个人和群体智力、情感和道德精神丰富化的重要手段，体育文化多样性是当今时代人类文化多样性的重要体现，要对体育文化多样性进行认识，首先就是把握其表现形式，体育文化多样性主要表现为观念或价值文化及操作或实践文化两个层面，这两个层面又分别体现在竞技体育、社会体育、学校体育三个领域中。本节选择实例分析法作为重要的研究方法，为本节构建坚固的事实基础。

1. 体育文化多样性的表现形式

广义地说，文化指的是人类在社会历史发展过程中所创造的物质和精神财富的总和，鉴于此，本研究对体育文化的理解采用文化的二分法，所采用的"体育文化"概念则来源于许义雄先生《台湾百年身体运动文化之建构》一文，该概念强调体育文化是身体文化的一部分，包含有观念或价值文化及操作或实践文化两个层面进行研究，这两个层面又生动地体现在当代体育文化的三大领域中，即：竞技体育领域、社会体育领域、学校体育领域。

（1）竞技体育领域中的体育文化多样性

竞技体育文化作为当代体育文化主流本身就是西方体育文化的产物，当今时代竞技体育领域中丰富多彩的现象，正是全球化背景下东西方体育文化融合即体育文化多样性的生动彰显。竞技体育领域中的体育文化多样性主要表现在以下两个层面。

（2）实践层面

就竞技体育领域实践层面而言，体育文化多样性主要表现为东西方体育文化在竞技体育实践中的互动与融合。

首先，如上所述，竞技体育文化作为当代体育文化主流本身就是来自西方体育文化的产物，其训练方式，竞技方式、竞赛组织形式等诸多实践层面的活动都体现出西方竞技体育文化的模式，举例证之，西方的田径项目、大、小球项目等已成为东方竞技体育包括中国竞技体育项目的重要内容，西方体育中的平等竞争等观念也已日渐深刻地影响到中国的体育，甚至一些中国传统体育项目也越来越受到了西方竞技体育文化风潮的熏染，如，中华武术吸取了西方体育竞赛方式，形成了散手竞技，中华气功引入了现代竞技体育科学理论等等。这种西风东渐是体育文化多样性的重要表现方式。

其次，随着全球化时代的来临和世界各国体育文化的交流与融合，体育文化多样性越来越显示出了其在竞技体育领域中的强大力量，不仅有西风东渐，更出现了东风西渐的潮流，以第29届奥运会为例，现代奥林匹克运动始终生长于西方文化传统的熏染之中，因此长期以来，奥林匹克运动沿袭的是西方竞技体育

传统对体育文化价值的判断为主流价值取向的思路，但正如何振梁先生所指出的："奥

林匹克运动应该是多文化的，应该反映变化了的世界。因此，它不应只局限于欧美文化，而应该是多文化的。奥林匹克运动必须改变其欧洲中心主义的传统，只有这样，才能达到真正意义上的普遍性。"在上述背景下，第 29 届奥运会的成功举办给奥林匹克运动的多元化带来新的发展机遇，促使奥林匹克运动这一具有浓郁西方体育文化特性的人类文化活动与东方文明前所未有地融合在一起，体现出丰富的价值内涵，是体育文化多样性在竞技体育实践层面的生动展演。

（3）价值层面

竞技体育领域中体育文化多样性还突出体现在其价值层面，即深深蕴藏在竞技体育实践活动中东西方文化互补融合的重要价值。

第一、体育文化多样性是推动竞技体育事业进步的动力。体育文化多样性在竞技体育领域中的重要价值首先就表现在通过不同竞技体育文化的交流，促进世界竞技体育的发展。

第二、体育文化多样性促进竞技体育文化的可持续发展。不同竞技体育文化的相互碰撞磨合，会使其获得新的文化生存空间，从而实现竞技体育文化的可持续发展。

第三、体育文化多样性调节各地区竞技体育的平衡发展。体育文化多样性使得各地区竞技体育文化之间保持一种对立统一的平衡状态，从而适当调节各地区竞技体育的平衡发展。

2. 社会体育领域中的体育文化多样性

社会体育领域中的体育文化多样性主要表现在以下两个层面。

（1）实践层面

社会体育又称为大众体育或者群众体育。本研究以休闲体育为例对体育文化多样性在社会体育领域中的表现进行分析。休闲体育始兴于西方，休闲体育思想的萌芽则可溯至欧洲文艺复兴时期，20 世纪中叶开始，随着工业时代和消费社会的来临，人们自由支配时间和收入的增加使体育进入人们休闲生活成为需求和可能。随着全球化时代的到来，休闲体育的热潮也席卷了我国社会体育的大片空间，成为我国社会体育的重要组成部分之一，具体表现为：娱乐体育、社交体育、自然体育、极限体育等丰富多彩的社会体育模式，汲取了西方追求自由和乐趣的运动思想，讲求在运动中获得快乐，愉悦身心，不同的休闲体育模式极大地推动了我国社会体育的发展，是西方体育文化对我国社会体育发展模式影响下的产物，是体育文化多样性在社会体育领域的生动表现。

（2）价值层面

以休闲体育为例对社会体育领域体育文化多样性在价值层面的表现进行分析。

第一、体育文化多样性促进社会体育多元化发展。各个国家之间在社会体育领域中的交流与互动，相互吸纳对本国体育发展有益的东西，是推动社会体育取得多元化发展的重要保障。

第二、体育文化多样性促进人的全面发展。体育文化多样性要求从不同文化角度出发，以不同体育运动模式促进个体身心能力的均衡与协调，从而满足人们各个层面的社会体育诉求，有助于促进人的全面发展。

第三、体育文化多样性促进社会文明。体育文化多样性不仅促进了社会体育多元化，而且促进了人的全面发展，这两方面必将促进社会文明的发展。

3.学校体育领域中的体育文化多样性

学校体育领域中的体育文化多样性主要表现在以下两个层面。

（1）实践层面

本研究以 CUBA 为例，CUBA 是由中国大学生篮球协会和恒华国际集团联合推广的、中国历史上第一次面向社会、面向高校的大学生篮球运动联赛，是中国体育史上第一个模仿西方社会化、产业化运作模式的大学生篮球联赛，是东西方体育文化紧密结合的宝贵结晶。多年来，它以不懈的探索和卓然的成就，将篮球运动在高校的普及和提高推到一个史无前例的高度，也为全面实施素质教育、加强校园体育文化建设提供了强大的平台和载体。从这个意义上讲，可以说 CUBA 是中国篮球的希望工程，已经作为一种校园文化深深扎根于中国高校校园内，以 CUBA 为例的校园体育文化发展模式是体育文化多样性在学校体育领域实践层面最生动最深刻的表现。

（2）价值层面

对学校体育领域中体育文化多样性在价值层面的表现进行分述。

第一、体育文化多样性推动校园体育文化发展。体育文化多样性从物质和精神两个层面极大地丰富了校园体育文化，进而推动校园体育文化的发展。

第二、体育文化多样性维持体育教育可持续发展。体育文化多样性敦促各个学校积极地挖掘和利用本校的现有资源，因地制宜地开展形式多样的学校体育文化教育和体育竞赛，对体育教育的可持续发展将起到良好的作用。

第三、体育文化多样性完善素质教育体系。体育教育是素质教育的主要内容和组成方面，体育文化多样性以其丰富的内容充实了校园体育文化的形式和内容，体育文化多样性是完善素质教育体系的重要法宝。

本节以实例研究法为基本方法，从实践和价值两个层面出发，对竞技体育、社会体育、学校体育三领域中体育文化多样性的表现形式进行研究与分析，诚如熊晓正教授所言，"体育历史的宏观面貌是以不同历史文化形态的共生与不同民族文化形态并存为其基本特征的"，通过对体育文化多样性表现形式的把握，可以更深入地认识何谓体育文化多样性以及其在体育领域中的作用，其发扬光大必将进一步推动体育事业的发展。

第四节　现代世界体育全球化景况

近现代世界体育是以文艺复兴运动和西方工业革命为背景而产生的一种文化现象。它由这几个部分组成：以增进社会健康和满足休闲为理想的大众体育，以谋求人的个性发展为目的的学校体育以及以奥林匹克为核心的竞技运动。这三个部分有机地整合起来汇成当今世界的主体体育文化，成为全世界共有的文化财富。而其他国家、民族的体育文化，无论是传统的，还是现代的，无论是成熟的，还是萌芽状态的，无论是单一民族的，还是跨国的、多民族的，都只能归于"亚体育文化"，或"准体育文化"。

一、体育文化全球化

文化全球化是全球化的一个重要方面，如同经济全球化一样是一种客观现象，其趋势是不可阻挡的。体育作为一种文化，由于其特有的社会功能，随着全球化的发展，始终站在世界文化的前列。从体育的历史可以看到，随着近代工业革命的快速发展，直接导致近代体育的产生。近代工业革命作为西方社会进步的基石，在各个领域取得的显著优势，助长了西方的优越意识。

当今社会最大的进步在于通信手段的不断完善，尤其是能够全面真实传播各种信息的电视将世界的物理距离大大缩短，促使人们的眼界空前地开阔，接受新生事物的心理和能力极大地增强。体育文化借助现代传播媒介更广泛地向世界各个角落传播，使身居不同地域的人们都能接触以西方体育为主体的、以"增强体质、意志和精神并使之全面发展的一种生活哲学"为宗旨的奥林匹克，并逐步将其价值转化为民众的意识和行为。

西方体育的最大特点是规则明确、公平竞争、尺度客观、评价准确，因此被誉为"物理体育"。西方体育运动诱发人勤奋进取，以不同的技术、战术取胜对方，有效、合理地满足人的原始驱力——攻击性的宣泄，同时也造就、强化了现代人的竞争意识。西方体育最大的属性是群体性，几乎所有的项目都是在集体协作的情况下完成的，由此极大地满足了人际交往的需要，为人们提供了交流的机会和条件，成全了人性复归。西方体育的最大魅力是娱乐，它总是处于一种结局未卜，需不断奋争、时刻把握机遇的过程之中，这一切给人带来无限的刺激，使人产生不尽的感受，愉悦之情也油然而生。这一特性为西方体育文化成为全球体育文化的主体奠定了基础，使体育文化成为日常生活的一个组成部分。

就人的本质属性来看，人类的社会生活需要经历着从生存、发展到享受几个阶段，每一个阶段均离不开对游戏的需求。体育运动源于游戏，却又高于游戏，最终它仍将是以游戏为其主导。正是由于这一特性，人们格外喜爱体育。越是经济发达的国家，体育生活所占的比重就越大，其中很重要的原因就是体育能还原人类的本性，通过体育人们能得到种种人性本质力量的感受。

通过体育生活人们还能切实感受到一种与时代气息相吻合的精神，这就是竞争。当今是竞争的时代，是竞争的社会，竞争使整个社会的进程不断加速，促使人类的社会生活质量不断得到改善。在这种社会氛围中，培养人的竞争意识和竞争精神便显得十分重要。体育生活给予人类一个自然的环境，在规定的技术、战术、规则、方法的严格要求下，潜移默化地锻造人们竞争的品格，使之适应社会的发展，因此体育文化成为全球文化的显现部分是必然趋势。

　　同时，世界文化全球化趋势深厚的社会背景是文化帝国主义。文化帝国主义实质上是一种能量强大的文化广泛渗透，使接受方的生活方式出现趋同的过程。在此过程中，被动还是主动地接受外来文化的影响，更多地取决于本土文化的能量，同时也应看到文化渗透通常是在各种有利于人们物质生活的基础上逐渐发生的。世界文化趋向大同，形成文化全球化趋势，使文化组成部分的各个方面也趋于大同，西方体育文化就是在这种环境下逐渐地渗透到不同地域人们的生活之中的。

　　体育文化之所以能够成为全球性的文化内容之一，还因为体育文化本身的通约性。体育文化是一种体能符号，它能使不同人群直接理解其中的意义，达到有效交流的目的。由于体能符号是一种流动的、有机的表达方式，可得到直接的回应，产生长远的效应，文化流变均能在体能符号上留下印痕，使其拥有丰厚的民族文化内蕴，因此，体能符号的交流成为一种有价值的交流。同时，它还具备政治、经济等方面的功能，如，中国曾成功地运用了乒乓球外交，举办奥运会可获得巨大的经济效益等，这使体能符号更易成为全球文化的重要组成部分。

二、全球化视野下民族体育文化

　　随着近年来我国经济以及教育改革的不断发展，我国体育教育的发展也有了很大的变化。全球化视野下民族体育文化面临着巨大的挑战，与此同时越来越多的民族体育文化正在被人们遗忘，因此，为了促使民族体育文化能够得到了良好的传承，同时也为了能够适应体育文化的全球化发展趋势，相关体育部门以及教育机构应该要以全球化的视野来认清民族体育文化存在的危机，同时也要为了促进民族体育文化的传承积极思考出相应的对策，并以此来促进民族体育文化的传承和发展。

　　民族体育文化不仅代表着我国传统文化，也代表着民族体育精神。在社会经济全球化的发展趋势下，民族体育文化面临着巨大的挑战，与此同时也陷入了一定的危机。根据相关调查结果显示，我国已经有许多民族体育文化已经消失了，基于这类情况，相关政府以及教育部门应该要从全球化视野下加大对民族体育文化的宣传力度，与此同时也要针对民族体育文化所面临的危机制定好有效的对策，进而有效促进民族体育文化的传承和发展。文章根据全球化视野下民族体育文化所面临的危机进行了分析，并相应地提出了一些关于促进民族体育文化传承的对策。

（一）当前民族体育文化所面临的危机

　　1. 全球化视野下民族体育文化缺乏相应的内涵

　　在如今社会经济全球化的发展趋势下，民族体育文化的发展也面临着一定的困境。由于我国民族体育种类较多，并且同一项体育项目在不同的区域，其活动内容以及规则也是不一样的，显然这种情况对于当前民族体育文化的发展是非常不利的。因此，各大部门想要有效推广民族体育文化，就需要从众多民族体育项目中挑选出一些比较有代表性的项目，并通过对这些体育项目进行加工改进，从而促使这些民族体育项目能够被更多人所接受。尽管这种做法能够让民族体育文化得以传承，然而在一定程度上民族体育文化的内涵却无法显现出来，并且如果不对民族体育项目进行创新和改革，那么民族体育文化的传承与发展就将会受到限制。

2. 体育商业化使得民族体育文化的发展受到了影响

随着经济全球化的不断发展，社会中各行各业越来越注重经济效益，任何一项活动只要有经济效益，就会吸引许多人主动地参与进来，而如果某项活动没有经济效益，那么即使有相关政府部门的宣传和推广，也很难吸引人们参与进来。如今体育全球化的不断发展，现代竞技体育项目也产生了巨大的经济效益，与此同时现代体育也得到了良好的发展。反观民族体育，其处境却是截然不同。由于民族体育主要是一些偏远地区的人们通过娱乐、劳作等方式发展并传承的，这种体育文化活动基本上与经济效益没有联系，人们参与相关民族体育项目时通常是带着好奇的心理，他们并没有想要真正地将这种民族体育文化进行传承。体育商业化的发展形势下，媒体作为当今社会主要的宣传渠道，许多媒体为了促使更多的人关注现代体育赛事往往会加大报道力度，但是这种传承方式却不适用于民族体育文化，从而民族体育文化也逐渐被人们遗忘。

（二）全球化视野下民族体育文化的传承对策

1. 促进民族体育文化的本土化发展

我国民族体育文化通常都是由本土文化所延伸的，因此想要有效促进民族体育文化的发展，相关政府部门就一定要发挥自身的主导作用，通过健全相关法规制度，从而促进民族体育文化得以传承。推进民族体育文化实现本土化发展的过程中需要涉及以下几个方面：相关政府部门应该要积极应对好经济全球化给民族体育文化传承所带来的冲击，另外在发展民族体育文化本土化时需要对当地的体育信仰、历史、价值观念等给予足够的尊重。另外对于体育商业化的动作，相关部门应该要通过合理的方式将民族体育文化与经济发展进行有机结合，并积极采取相应的机制促使民族体育文化能够得到良好的发展。通过不断完善相关法律规定，促使民族体育文化得到有效保护。相关政府部门应该要积极发挥出自身的主导作用，通过加大民族体育文化保护的资金投入，并有效制定出促进民族体育文化发展的法律规定，从而确保民族体育文化能够得到良好的传承。

2. 充分发挥出宣传作用，做好民族体育文化的传教工作

民族体育文化在如今各类文化快速发展的背景下想要得到良好的传承，相关部门就一定要加大对民族体育文化的传教力度，通过在一些社区、学校宣传栏以及文化活动开展场所等进行大力宣传，从而吸引更多人关注民族体育文化。此外，相关政府部门也可以将民族体育文化引入教育体系中，通过将民族体育文化置于各类教学活动中，从而促使更多国家未来的栋梁能够接触我国民族体育文化，并将民族体育文化进行良好的传承。除此之外，

将民族体育文化融入学校教育中不仅可以丰富传统的教学内容，与此同时，也能最大限度地调动学生健身的积极性。

全球化视野下民族体育文化的传承面临着一定的危机，然而同时也迎来了新的发展机遇。相关政府部门应该要积极发挥自身的主导作用，通过加大民族体育文化的宣传力度，同时积极将民族体育文化与教育体系进行有效结合，从而促使民族体育文化能够得到良好的传承。

三、中国体育文化的本土性价值与全球化

采用文献资料法，通过查阅相关方面的资料为本节寻求可借鉴的理论依据，以此来进行逻辑分析和论证。研究结论：在文化全球化之中，文化的边界已不存在，本土文化面临改革、融合、消失等多种命运；中国本土体育文化依据自身的深厚文化积淀和内在的开放性特质迎接体育的全球化；对其文化价值进行重新阐释，超越已有的狭隘的本土体育文化，以其独有的文化本性存在于当今的体育领域和文化领地上，以实现它现在与未来的价值。

本土文化是本土人民在自己长期的生活和历史发展过程中所自主生产、享用和传递的具有自身特征的知识体系，既是在生存环境和民族、民俗及生活习惯等因素基础上所形成的属于自己的表达方式和习惯，也是各种文化经过本民族的习惯和思维方式沉淀和重新阐释的文化结晶。传统文化是由各种文化与文明演化而汇集成的一种反映民族特质和风貌的文化，是民族历史上各种思想文化、观念形态的总体表征。本土文化是传统文化的核心构成部分，然而本土文化并非完全等同于传统文化。传统文化是相对于现代文化而言的，本土文化是相对于外来文化而言的。在范围上，传统文化有较为广泛的普遍性，本土文化则更具地域性；在对自身的发展上，本土文化更加具有独特性、民族性与纯粹性。而传统文化更具开放性、兼容性和吸纳性。正是由于传统文化具有的这些特性，在我国传统文化发展史上，一些不是我国本土文化的外来文化成为我国传统文化的重要组成部分。比如佛教并不是起源于中国，也就称不上本土文化，然而在中国传播过程中被有着深厚底蕴的中国本土文化滋养而与其他文化融合，经历了"佛教中国化"，才使得佛教在中国得以弘扬和发展，佛教也就成为我国的传统文化了，进而形成儒释道为代表的中国传统文化，并对我国思想、艺术、民俗等产生重要影响。

（一）文化全球化的忧思

人类从未停止过走向世界，因为人的天性就是要对外交流。而传播技术的发展和革新更加激发了人类对外交流的欲望，进而加速了全球化的进程。然而，日益加剧的全球化信息传播，不仅使人欣喜若狂，也让人忧心忡忡。人们始终无法摆脱全球化过程中对本土文化命运的忧思。担忧文化全球化带来的文化的同质化成为必然趋势。或如马里约·巴尔加斯·略萨所言："我们生活的这个世界将远没有过去的一个世纪那样丰富多彩，少了许多地方特色。过去曾赋予人类丰富的民俗和民族多样化的节庆活动、衣着、习惯、礼节、仪式

和信仰将逐步消失或被封闭在极少数领域里，而社会主体将抛弃它们，接受其他更符合我们时代现实的东西。这是世界上所有国家正在经历的一个过程，只是有的国家快些，有的国家慢些"。世界上许多民族体育项目也正是在这一过程中消失了，和这些项目一起消失的还有那个民族的体育文化。人们对体育全球化的忧虑不仅来自全球化的体育文化同质化对各自民族体育文化的冲击与消减，也来于对体育文化全球化的过度反应与对抗，以及在文化认同危机、归属感失落之下，泛滥的同情心与使命感导致对本土体育文化的过高估计与过度保护，潜意识下形成的文化霸权主义，而忽略了民族文化的劣根性。中国本土体育文化同其他任何民族文化一样，既有精华，也有缺陷。由于"没有一个文化是尽善尽美的。中国文化绝非例外。中国人重道轻器的倾向、形式主义作风、顽固的官本位心态等，都与时代精神相悖"。这些也都深深地浸润于中国本土体育文化之中。

尽管，大多数研究者认为，人们担心的所谓全球体育文化同质化，其实是根本不可能形成一种"世界大同"的幻想境界。亨廷顿预言，未来世界不仅不会出现全球共享的"大同文化"，反而会出现非西方文明对抗西方文明的现象。"西方人认为良性的全球一体化，如全球化范围的新闻媒体的传播，在非西方人看来却是邪恶的西方帝国主义"。但这些仍不能消除人们对体育全球化的担忧。因为，在全球化的进程中，本土体育文化可能通过吸纳和补充新元素来实现自我更新；也可能被外来体育文化整合或同化，丢失了民族文化历史根基，完全失去自身的文化特性。事实证明，本土的传统体育项目如若没有坚实的本土文化基础和历史文化积淀，以及在对外交流的过程中缺乏自我开放形态和自我更新的能力，都将在全球化进程中逐渐衰微，直至消失。人们拥护或者质疑体育全球化，其焦点之一就是担忧本土体育文化的失落问题。因为本土体育的命运与本土文化的命运息息相关。

全球化给本土体育文化带来的认同危机与文化断裂感使人们再次感到本土体育文化对于某一民族体育生存的意义。出于对现代体育全球化的抗拒，在回归本土文化的前提下，对于本土体育文化的寻根也就是很自然的事了。在这个意义上，全球化本身引发了我们对于中国体育文化本土性的追问。

（二）中国体育文化的本土性追问

事实上，体育文化全球化已成为一种超越国家与民族界域的现实存在，使人类紧密联系在一起，共同面对威胁人类身心健康、公平竞赛、社会秩序等自然、生态和社会诸多问题。然而体育文化全球化的也带有明显的西方文化特征，从而造成了国人对现代体育价值的认同危机，也造成体育道德皈依的模糊与冲突，以及体育情感的失落。因此，体育文化本土性对于中国体育发展和传统体育生存则显得尤为重要。我们不得不重新审视中国本土体育文化，并追问其从哪里来。这一追问既是对西方体育文化的理性思考和自然反应，亦是为民族体育寻找现代定位和未来发展的深层根基。对本土体育文化的追溯，最终会落到文化的发源之地，即本土。但向本土的溯源，并不是要找回落后、封闭、陈旧的体育思想和狭隘、愚昧、陈腐的体育观念，更不是将"本土"这个不断扩展、不断变异的文化过程或文化事实在体育文化理论上固定化、静态化而使其失真。如果这样中国本土体育文化也就是固定不变的，漫长的中国体育文化发展史就成了封闭、固定化的本土文化历史。

事实上，在中国几千年的发展中，每一个时代的体育文化都能对自身进行丰富、整合和改进。每个时代都是在"本土体育文化"的基础上对前一个时代体育文化的丰富和完善，甚至是变革。即使是同一时期的体育文化也是复杂多变的。这一事实既是对将本土体育文化看成是固化的一成不变静态传承言论者的有力回击，也给我们对本土体育文化的本土性一再追问造成困惑。困惑我们的问题在于构成中国本土体育文化的复杂底质中，究竟哪些文化传统具有真正的"本土"性？能回答清楚本土性的一再追问吗？因为，无论从时间上还是从组成的因素看，在中国本土体育文化中占据统治地位的儒家文化既不是最早的，也不是纯粹的，诸子百家的道、儒、法、墨等文化思想在一定程度上也不具有唯一性，与同时期其他文明的文化思想存在相通的哲学观、人生观和价值观等。德国哲学家卡尔·雅斯贝尔斯的"轴心时代"理论认为，在轴心时代里，各个文明都出现了伟大的精神导师，他们的思想理论成为不同的文化传统的基石，一直影响着人类生活的各个层面。尽管中国、印度、中东和希腊之间千里迢迢，没有文化的交流与对接，但它们在轴心时代的文化却有很多相通的地方。而像中国传统文化中的佛教文化就更不是"本土"了。那么，究竟本土体育文化中哪些才是地地道道的本土呢？问题的根本在于中国本土体育文化是在不断融合其他文化的过程中形成的，我们很难还原本土体育文化的纯粹本土性，难以找到体现体育文化本土性本质的固定点。"纯粹的本土文化"其实是一个假说或理论的虚构，如布林顿所说，希伯来以及中东其他地区的文化是西方文化的祖先，一份"详细的西方文化研究必须把与很多其他文化尤其是印度、中国和日本节化的联系考虑在内"。由于"这些借鉴来的东西是重要的：没有它们，我们至少没有现在这样的西方文化"。同样，中国的本土体育文化也是一种混杂文化。至此，东西方的文化和学术研究均说明，回到并固守纯粹的本土体育文化，是违背体育文化的真实和动态发展过程的，不仅不可能，而且违反生活真实。因此，我们不应为本土体育文化的纯粹谱系和高贵师承血统而自豪。否则，那曾激荡我们民族意志和激励过我们民族理想的许多体育实践的文化意义也就会荡然无存。

（三）中国体育文化本土性价值与局限

今天，对中国本土体育文化价值做出怎样的选择，这与我们文化的自我认识及文化定位密切相关。全球化的情势已超出已有的本土化与世界化的困惑。"越是民族的，越是世界的"或"本土即世界"的文化现象，似乎已经消解对本土与世界对立而产生的痛苦和焦虑，致使文化进入本土和世界混杂的时期。"我们时刻肯定民族的存在理由和辉煌传统，却又在尖锐地批判传统文化对于我们的限制和困扰"。有些西方学者"强调世界范围内的灾难、冲突与资本主义之间的关联，或者指出全球化对于民主和福利等现有成就的损害等"。这就使"本土"成了一个反抗全球化和文化普遍主义的响亮口号并在许多国家获得了民心。

中国本土体育文化能否成为世界体育文化的准则或具有统治力的文化，在这一问题上，汤一介先生关于中国文化价值的回答是："中国文化和其他文化一样，她既有为当今人类社会发展提供有价值资源的方面，又有不适应（甚至阻碍）当今人类社会发展的方面，我们不能认为中华文化可以是包治百病的万灵药方"。这一结论无疑是准确和客观的，同样可用于对中国本土体育文化价值的评价。汤先生还认为，"以'救世、救人''以天下为己任'"对中国本土文化自身来说要求太高。用中国本土文化思想拯救当今世界的人心，似乎也力不从心。"中国本土文化的用处在于'自救，在于为自己找个安身立命之处'"。对中国本土体育文化来讲，这些问题依然存在。需要进一步说明的是，单纯依赖本土文化思想由内而外的反身自省，及以仁、爱、礼、义、信等人文观和顺其自然的自然观来约束和管控当今体育的激烈竞争和利益追逐，不仅显得空洞乏力，更是痴人说梦。因次，我们应对本土体育文化价值，以及在现在和未来可能发挥的作用做出切实的评价，坦然面对和承认我国本土文化的有限性与局限性。否则，我们可能会站在文化普遍主义者和文化独裁主义者的立场上，过高估计本土体育文化的价值，不切实际地希望用它去解决现代体育所面临的种种无法克服的问题。

然而，在体育全球化的大潮面前，也不可低估和忽视中国本土体育文化的应有的价值和生命力。在对待本土体育文化上更为艰辛的是，对本土体育文化价值应切合文化时代性、价值观和现代性需要的批判性继承，才能对中国本土体育文化的未来发展做出理性选择。

（四）中国本土体育文化的全球化趋势

既然文化全球化是一种不可回避的历史趋势，我们应该接受文化全球化，弘扬本土体育文化中对于全球体育文化具有普遍价值的东西。多样性也是人类社会与自然界存在的普遍形式。每一种文化，都有其独特的存在价值，有着独特民族性和特定的历史积淀，是世界文化多元性的重要一员。这种文化的民族独特性及所包含的价值观、人生观，对缓冲文化单极化和加强文化的多元化具有重大意义。任何文化想通过全球化而演变为文化一体化来统一世界文化，或妄想以单一的文化来统治世界是决不可能实现的，这种思想在体育文化中也是不可能实现的。体育文化与人类文化的存在与发展一样应具有多样性。在文化全球化的世界格局中，中国本土体育文化源远流长，在漫长的历史文化积淀中有具有许多全球性意义内在要素。也就是说在中国本土体育文化中可找到全球体育文化的内在因素，具有普世意义和共同价值观。然而若想用中国体育文化和中国传统价值观去同化和改变世界体育文化，那是自欺欺人的一厢情愿。如果用本土文化思想一成不变地去指导当今中国的体育文化建设，去应对现代体育文化全球化的潮流，那就注定走向衰弱和失败。

特别是在全球化的今天，中国本土体育文化中的"天人合一"的基质受到巨大的冲击和挑战。迫使我们必须做出选择，是固本守元传承一切，将僵化、落后和愚昧进行到底？还是反思自己的本土体育文化，荡涤一些糟粕，汲取一些精华加以改造，为本土体育文化寻求一块自己的领地？这牵涉到中国本土体育文化本性，以及选择什么样的体育文化来面对和承接这个体育全球化时代。

不能否认，以科技理性思想为支撑的西方文化给中国体育繁荣和发展以强大的动力，但也带来了诸多问题。在提倡个人竞争、个人发展和利益至上的现代体育面前，中国文化广阔而深厚的根基和独有的基因受到致命切断和根本性的变革。在中、西方体育文化的不断碰撞中，起初，中国本土体育文化自身结构的互补性，及其价值本身具有吸纳、融合的开放性内质特性并未显现。随着西方文化冲击的加剧，中国体育文化逐步由慌张、恐惧变得从容应对，并以开放性文化特有的大度方式和成熟之态从容地存在，使它即含有中国传统"和而不同"的价值结构原则，又是儒释道互补的文化思想的不断外显。其中的"和合"思想，是在各种不同中寻求统一，这就为各种异文化元素的进入预留了空间，也决定了中、西方体育文化相遇时，中国本土体育文化既不会在现代性中丧失，也不会在后现代解构中消弭。如今的体育实践也证明，即使是最强的外来文化冲击，也将被消融在中国文化的"礼、义、仁、和"的"本土"之意中，成为中国体育文化自身发展的一个策动力。中国本土体育文化凝结着独有的社会文化发展规律和几千年的历史经验积淀，在不断接受各种文化的冲击时，能主动进行自我反思与自我批判，以开放之态与各种文化进行碰撞、交流，并对其精华进行吸收、融合。最终能剥除其陈旧思想而有意义地存在于当今的体育领域和文化领地中，已经和正在实现它的价值。

就像有些学者指出的那样，极端的文化本土主义者与全球主义者本质是一致的，他们之间的对立关系是可以辩证转换的。最极端的本土主义者也许就是那种认为一种文化适用于世界各民族的全球主义者。对于中国本土体育文化而言，有些本土主义者与全球普遍主义者一脉相承，他们以对本土文化的热爱为名，"试图跨过'差异'这道槛，把本土文化推向世界，如果有可能，决不放弃让本土文化统一世界的可能性和机会"。然而，世界体育文化发展的大趋势是在相互信任和理解之下的宽容、对话与合作，尊重文化多样性。文化多样性是交流、革新和创作的源泉。各民族文化在平等、自由之上交流，不同文化之间不断比较、碰撞，这样才能持续革新、丰富、发展和适应全球化的体育生活。中国本土体育文化自有存在价值，它在体育文化全球化的构建中不可或缺，然而不能将它作为是一种强势体育文化在全世界推广，也不能让它带着陈旧或未经改变的固化的形态参与未来的世界体育文化建构。在未来发展中，本土体育文化应具有未来视野、世界胸怀和开放品格，以开放的形态把来自各民族体育文化的有益成分吸收到未来文化的规划中。通过变革，本土体育文化形式和形态必将被修改，其意义与价值被重新阐释。这既是文化民主、平等应有之义，也是对本土体育文化未来发展提出的要求。

本土体育文化只有被赋予过去和未来的双重含义时，它的意义才是开放的，才是生动活泼的，充满生机与活力的。具有开放品格和未来视野的本土文化，未经解释即可得到人们的理解和响应。在未来参与下建构的本土体育文化才能尊重、理解与接纳异质文化，超越已有的狭隘的本土体育文化界域。

第五节　现代世界体育文化的基本态势

一、竞技体育地位稳固

在里约奥运会中，中国共获得了 70 枚奖牌，位列全球金牌榜第 3 名，运动员打破多项奥运会纪录。然而与此不相称的是，中国在竞技体育体坛上仍没有得到足够的尊重和应有的话语权。在拳击 49kg 级比赛中，中国选手吕斌在绝对优势下被判输掉比赛。女子 53kg 级举重比赛中，中国选手黎雅君在挺举中第 1 把挑战 123kg 时，现场裁判显示成功，但随后又改判为失败且无人通知中国代表队。女子 4×100m 接力预赛中，美国女队因为掉棒，无缘决赛。赛后，美国队以受到巴西运动员干扰为由申诉，最终获得了单独重跑的机会，后以 41 秒 77 排名预赛第 1，挤掉预赛第 8 名中国队晋级决赛。赛场上种种不公平待遇，其背后是中国在竞技体育领域严重的话语权缺失。

（一）竞技体育话语权的内涵

"话语权"这一概念，来自法国社会学家米歇尔·福柯《话语的秩序》一文。他认为话语不仅是思维符号和交际工具，更是一种权力，人们通过说话赋予自己的权力。换言之，话语权代表的不仅仅是一种说话的权利，更蕴含着其背后的权力关系。

但还有部分学者对此并不认同。如，学者冯广义认为，"话语权"是语言权利的一种具体表现形式，是人们为了充分的表达思想，进行言语交际而获得和拥有说话机会的权利。

由此可见，众多学者都从自己的专业领域给话语权进行了不同的定义。话语权的定义直接决定了竞技体育话语权的不同解读。竞技体育话语权包含其独特的内涵。因此，对竞技体育话语权内涵的诠释尤为重要。

李羽认为：国际体育组织中的话语权是一种软实力，通过提出会议讨论议题，掌握组织发展方向，引导舆论向有利于自己的方向发展，为国家利益服务，从而树立良好的国家形象，在国际体育竞争中占据有利地位。由于竞技体育的竞争性、规范性、公平性、公开性、功利性、不确定性、娱乐性等特征，进而各个国家对于话语权的争夺就更为激烈。

（二）竞技体育话语权的表现形式

竞技体育话语权往往与国家主导的国家战略关系密切，凡与国家战略相关的体育交流项目，该国都具有绝对的话语权。竞技体育话语权主要表现在日常训练交流和赛事组织和运行等方面。

1. 竞技体育话语权在日常训练交流中的表现

竞技体育中成绩的取得，离不开运动员日常辛苦的训练及组织间的交流。正常的交流不仅可以促进运动员提高运动成绩，同时也可以将先进的技术动作与文化等进行相互传播。

在交流的过程中，以哪个国家为主导，交流的形式和地点的确定，无不体现着话语权。

"一带一路"马拉松系列赛是中国田径协会举办的首个马拉松国际赛事。旨在响应国家"一带一路"战略，增强中国体育事业和产业的国际影响力，借助"民心相通"的体育平台使"一带一路"的理念深入各国民众的心中，充分发挥体育在这一战略行动中的重要作用。该赛将在"一带一路"战略沿线国家的主要城市举办，将陆续登陆马来西亚、阿联酋、印度等国家。国与国之间赛事的交流，以体育为切入点，整合现有资源，积极开拓和推进与沿线国家在青年就业、创业培训、职业技能开发、社会保障管理服务、公共行政管理等共同关心领域的务实合作。

2. 竞技体育话语权在赛事组织和运行中的表现

竞技体育的话语权在赛事组织和运行中的表现主要为：对赛事的承办权；赛事规则和制度设计；组织机构的构建；运动项目的确定和规则制定、修改；运动项目的命名权等。

例如，中国申办奥运会经历了艰难而曲折的过程。从 1991 年，北京奥申委宣告成立之后就开始了艰苦的申办奥运会工作。1993 年蒙特卡洛国际奥委会第 101 次会议上，中国以两票之差惜败悉尼。1998 年 11 月，国家决定由北京申办 2008 年奥运会。次年 4 月 7 日，经中国奥委会批准，北京市正式向国际奥委会递交申请书。2001 年 7 月 13 日，国际奥委会第 112 届全体会议投票选出北京为 2008 年夏季奥运会主办城市。

3. 竞技体育话语权通过运动水平表现

体操项目中，有时会根据选手的姓名来为体操动作命名。哪名运动员第 1 个在 3 大赛（奥运会 / 世锦赛 / 世界杯总决赛）上完成这个动作，就以这名运动员名字命名，如，程菲跳、佳妮腾跃等。命名不仅是运动员个人的荣誉，更体现了国家在此项目的优势地位。

中国运动员在乒乓球发球强攻战术上创造了多种技术，在世界大赛中屡见成效。由于亚洲乒乓球技术的持续领先，为了保证竞技体育的观赏性，国际乒联修改规则，比赛用球的直径由 38mm 增加到 40mm，每局分数由 21 分改为 11 分，以及无遮挡发球等。面对这些明显对中国不利的规则改动，中国人从来都是举手赞成。中国乒乓球技术根据规则的改动在不断调整，规则的改动也会征求中国的意见。

中国在优势项目规则制定具有一定的话语权，但在一些项目中却不占优势。例如足球。引领世界现代足球三次革命的匈牙利、巴西、荷兰队，世界强队德国队，这些国家都在现代足球的发展中划上浓墨重彩的一笔，对足球规则的制定和修改具有重要影响。

（三）竞技体育话语权的影响因素

1. 竞技体育话语权与经济发展水平息息相关

纵观历史，中国曾是四大文明发源地，是世界经济贸易交流中心。近代以来，自甲午战争开始，与西方各国逐步拉开差距，陷入了半殖民地半封建的灭国危机，我国没有及时跟上时代的潮流，固地自封，闭关锁国，与西方的差距越发加大。中华人民共和国成立后，不断提高国民经济水平，大力发展国民经济，努力跻身世界民族之林。

2. 话语权与国际地位紧密相连

国际地位是指一个国家在国际体系中所处的位置和该国在与其他国际行为主体相互联系、相互作用而形成的国际力量对比结构中的状态。衡量和评估一个国家的国际地位主要看两方面因素：综合国力；外部世界。综合国力是指社会的发展，表现在政治、经济、科学技术、外交等方面。外部世界主要指的是国际化程度、国际事务中发挥的作用等。

随着中国提出"一带一路"新的发展观，充分依靠与有关国家既有的双多边机制，借助既有的、行之有效的区域合作平台，旨在借用古代丝绸之路的历史符号，高举和平发展的旗帜，积极发展与沿线国家的经济合作伙伴关系，共同打造政治互信、经济融合、文化包容的利益共同体、命运共同体和责任共同体。

中国同国际社会建立起千丝万缕的联系，积极参与国际和地区事务，履行应尽的国际义务，在反恐、防扩散和打击海盗等国际事务上发挥着负责任的建设性作用，进而成为维护世界和平、促进共同发展的重要力量。

3. 话语权与事业发展一脉相连

群众体育和业余训练得到加强，体育传统项目发展到两万多项，参加训练的学生两百多万人，工农体育也蓬勃开展，社会办体育的热潮正在兴起。随着中国的体育事业不断发展，体育在人们休闲生活中的比重越来越大，已经逐步成为人们休闲放松的重要方式。

体育作为国与国之间交往的重要方面，也在影响着国与国的经济、文化发展。我国体育事业的蓬勃发展，为国与国之间的交流奠定了基础，我国在国际上的地位、国际体坛的话语权也在逐步提升。

（四）提升中国竞技体育话语权的对策

1. 释放善意，向世界传播中国体育文化和价值观念

调查发现，中国与国外体育组织间交流频率不断上升，范围也在逐步扩大。中外体育交流不但激活国内体育市场，提升国内竞技体育水平，还能推动国家竞技体育事业发展。另一方面，体育方面的国家交流也说明了国际体育组织对中国竞技体育水平的认可。近年来，中国承办的体育比赛越来越多，规格也越来越高。据统计，自北京奥运会后，平均每年要组织 40 余场国际性赛事，很多国际性赛事甚至将中国的某些城市列为常规赛事举办地点，赛事质量也在逐年提高。通过举办这些体育赛事，向世界释放善意，积极地向世界传播中国体育文化和价值观念。无论比赛结果如何，我们永远推崇"友谊第一，比赛第二"的和谐氛围，尊重国际组委会的判决结果。

2. 积极参与体育国际事务

在国际体育组织中，任职人数的比例影响着权力的大小更影响着话语权的分量。尽管经过几代人的努力，中国在国际奥委会委员席位中占据一定比例，但是加上已经卸任的委员还不到 3%，进入国际单项体育组织的人数也很少，100 多个国际单项体育组织中的中国人比例不到 2%，很多国际单项体育组织委员中没有中国人的身影，从未担任过任何职

务。中国在国际体育组织中任职人员很少，进入核心决策层的人员就更少。任职人员较少不仅表现在国际体坛的话语力量小，还表现在对于竞技体育事务的参与程度低。很多中国的优势项目，尽管竞技成绩较好，但我们对规则的制定、修改权等却没有发言权。

3. 提升自身竞技体育实力

自身的实力永远是拥有话语权的决定性因素。经过几十年的不懈努力，依靠"举国体制"制度，中国的竞技体育实力得到了长足的发展。但我们仍要对此有个清醒的认识，竞技体育发展尚不均衡，基础大项实力薄弱。运动队伍总量不足，运动员结构不尽合理。训练水平和效率较低。群众开展普及，关注程度高，影响大的球类集体项目亟待突破。针对这些问题，中国正在采取措施进行改进。如，积极建立实施青少年培养计划，加强后备人才培养，努力改进运动员结构。利用广大媒体的优势，提高观赛人群体育知识，大力宣传奥运会的冷门项目，促使广大观众了解并参与体育运动中来。引进先进的训练方法和人才，提高运动员训练水平，尽快转变身份，从体育大国转化为体育强国。

4. 解决语言障碍，提高英语水平

从适应体育国际化、促进体育事业长久发展的战略角度出发，提高体育人才的英语口语水平和书写能力，积极培养高素质、高技能的专业型人才。各大高校应注重人才的区别培养，人才专业化，让更多的翻译人员提高自身专业知识。国家体育总局及各个项目中心应拓宽交流渠道、加强国际赛事交流，多给优秀的人才锻炼机会，创造语言环境，提升对外交流人员的英语水平。同时，本着资源优势最大化的原则，建立人才共享计划，将优秀的翻译人才也参与到运动员训练计划的制定中，借鉴国外优秀的书籍和训练经验，帮助运动队提升知识的应用。

在中国的不懈努力下，中国已跻身世界体育大国行列。但在国际体坛中，我国仍处于弱势地位，屡屡遭受不公平对待。话语权缺失，不仅受到外部环境的影响，同时也与我国体育自身发展程度有密切的关系。我国应从自身查找问题，努力提升经济发展水平，始终坚持中国特色社会主义理论体系，注重体育的行业发展，在竞技体育领域拥有自己的一席之地。同时，向世界释放善意，积极传播中国体育文化和价值观念，不走"国强必霸"的老路，始终坚持和平共处五项基本原则；积极参与体育国际事务，提高中国在国际体育组织中任职人员数量和比例；利用"举国体制"的制度优势，提高中国竞技体育实力，尽快转变为体育强国；加强优秀人才培养机制，提高体育专业人才素质和语言能力，鼓励国内优秀的体育人才走向世界，进而为中国在国际体坛取回与实力相匹配的话语权。

二、保健运动方兴未艾

随着社会的发展和人类物质文明的进步，目前人类在保健问题的观念下正发生着巨大的转变。第一是人们不再把没有疾病就看作健康，而认为人的身心都处于一种积极的健康状态才是健康；第二是增进健康、改进体质和预防疾病显然比治疗更合理和少花费，生病的责任应归咎于自己；第三是注意自我保健，养成良好的个人生活习惯是达到健康的必由之路；第四是没有必要为一点小病都要求助医生；此外，人们不再把医生作为我们社会唯一的高级神父，也不再把所有药物视为治疗疾病和恢复健康所必需的灵丹妙药。自我保健运动主要由相互影响的合理营养、有规律适当的体育活动和锻炼以及戒除不良嗜好等内容组成。其中，保持个人良好的生活习惯是关键因素。21世纪初期的中国，有人在1957年那句流行的口号"为祖国健康工作五十年"后面加上了"为自己幸福生活一辈子"，突显了时代变革背景下为自我、为健康、为生活的鲜明的价值取向。

三、终身体育教育

随着现代科技的快速发展，人们的生产、生活方式也随之发生很大变化。生活方式的多样化，致使人们的身体活动越来越少，从而对人们的身体健康造成严重的影响。体育教学是学校教育的重要组成部分，在人才培养中起举足轻重的作用，同时也是体育发展的基础。培养学生的终身体育学习意识和自主学习能力，激发学生在体育学习中的积极性，将成为我国学校体育发展的重要方向。

（一）终身体育概述

所谓终身体育就是体育学习和体育锻炼贯穿于我们的一生。在我们现在的生活中，体育已经渐渐融入我们的生活，成为我们生活中不可或缺的一部分。它不仅仅可以强身健体，还可以调节情感，愉悦身心，而且在医疗事业中，体育疗法也成为一种新的治疗途径，起着特殊作用。体育健身已经不是一个个体发展的需要，更引起了国家的重视。国务院还专门批准颁布了《全民健身计划纲要》方案，它充实的内容，是在具有充分说服力的科学理论依据下和当下的丰富多彩的社会大背景下产生的，这就要求全国人民都要积极参与到体育健身中来，增强全民体质。因次这一伟大的工程对于我国体育发展史上具有划时代的意义。

（二）我国终身体育的发展

我国体育产业起步虽然比较晚，但发展规模在不断扩大，产业设计的领域也在不断地拓展，产业带来的效益也很好。在社会主义市场的发展中，已经成为一个独特的产业。但全民健身的状况还是不容乐观，体育健康意识薄弱，体育锻炼活动参加不积极，体育设施不齐全，管理机制不健全。这一现状需要全社会长期不懈努力才能够得到改善。改革开放以来，尤其进入21世纪的信息和知识经济时代，人们的生活节奏不断加快，生活生产方式也逐渐由劳力劳动取代，社会的压力也在无形的增加，这就要求劳动者的身体素质也不断加强。从终身体育的目标出发，才能够去满足现代社会发展的需要，我们的身体素质才能够适应现在快节奏的生活方式，所以这就要求我们每个人积极良好的身体状态来适应社会发展的需要。

（三）终身体育教学的基础

校园体育与终身体育存在必然的联系。众所周知，高校体育在终身体育中处于中间环节，是学生走向社会体育的桥梁，是终身体育教育的基础。在终身体育中具有重要地位，在校期间通过学校的体育教学活动和体育竞猜来促进学生来接受体育教育。加之体育知识的掌握和科学的锻炼身体的方法，有利于缓解在紧张的学习状态，并在体育锻炼中释放压力。我国高校体育教育的目的是增强学生的体质，摆脱亚健康，为国家培养"德、智、体、美"全面发展的社会主义人才。大学时代是培养强身健体意识的最佳时期，大学生时期具有全面扎实的科学文化知识，精力也是最充沛阶段，是培养他们体育意识、身心全面发展的最佳时期。这个时期积极地参与锻炼，培养良好的锻炼习惯和意识，有利于提升大学生体育锻炼和身体健康水平，可使其在以后的生活中积极地参与活动锻炼中去。

（四）体育教学的不断完善

1. 转变教学模式

在教学过程中要转变单一的教学模式，以丰富多彩的体育教学形式和教学内容呈现给学生一个新颖的体育课，从而调动学生的积极性。在教学中结合视频、历史体育趣事的讲解、体育的发展史等能够吸引学生的注意力和激发学生兴趣的知识补充，不要让学生单纯地认为体育就是跑步、跳高、跳远、投铅球等体力活动，杜绝向学生传达体育就是纯体力的观点。通过视觉感激发学生的体育热情和增强他们的集体荣誉感，让他们将生命健康与体育锻炼、社会发展联系起来，从而加强体育锻炼，增强他们终身体育意识。

2. 培养学生的体育习惯

习惯是我们在生活中长时间形成的一个行为，是一时间难以改变的。它以某一种行为方式存在，无关于意志努力。而体育习惯是轻松的，让人发自内心地感到快乐的一种行为。因此，在学习体育教学中，应以培养学生的兴趣爱好和体育习惯为重点，将兴趣、爱好与体育锻炼有效结合。只有对一个东西产生兴趣才能成为动力，才能提高学习得热情。指导学生掌握科学锻炼身体的方法，只有熟知和运用锻炼身体的科学方法，才能起到最佳的锻炼效果。根据学生的差异性和多样性，运用不同的方法和手段去指导学生，引导学生运用科学的方法进行身体锻炼。良好的锻炼习惯是经过科学的、严格的、反复的锻炼形成的，所以在培养学生良好的锻炼习惯时，要让学生准确掌握动作要领，由易到难的反复练习。只有这样，才能形成良好的体育锻炼习惯。

3. 强化体育师资力量

教师犹如教育事业的灵魂，只有加强教师队伍的强化，才能推动我国教育事业的不断发展。教师对学生的影响是多方面的，因此，教师应该严格要求自己，端正自己的工作态度。老师的一言一行都潜移默化地影响学生，对学生在体育锻炼中都有着直接的影响。作为体育老师，只有不断充实自己，掌握全面的专业和技能，紧跟时代的步伐，不断强化自己，做一个全能型的教师。只有这样，对学生终身体育发展才能起到积极的作用。

全民健身是当代社会发展的必然要求。终身体育不仅是个人个体发展的需要，民族体质提高的需要，也是人类发展的共同需要。学校体育教育是终身体育教育的关键所在，为终身体育教育做好基础。生命在于运动，我们要不断更新体育教学观念，树立终身体育思想，不断深化终身体育教育改革，积极响应国家号召，将《全民健身计划纲要》落实到生活实践中，从而更加适应社会的发展需要。

四、科技发展与竞技体育

当今世界，科学技术的飞速发展给人类社会带来了广泛而深刻的影响，每一个普通人都能感受到现代科技发展给人们日常生活带来的巨大变化。科技发展也同样给体育领域带来了巨大变革，它促进了体育事业多维度的进步与体育科学研究的纵深发展，已然成为体育事业发展的必然推动力和实现体育现代化的可靠保证。在体育领域尤其是竞技体育领域，科技进步对运动成绩提高的贡献度越来越大，世界各国竞技体育之间的竞争逐渐演变成科学技术之间的较量。《2001～2010年体育改革与发展纲要》也明确提出："坚持发展体育事业必须依靠科学技术，体育科技工作必须面向体育实践的方针，不断提高体育的科技含量"。从体育可持续发展的角度上看，体育科技必将从体育舞台的边缘向中心位置挺进，以发挥其强大的带动、辐射作用，有力地推动体育事业的全面进步。然而，随着科学技术在竞技体育领域的不断融入与发展，使得竞技体育过多地依赖科学技术，而忽略了竞技体育自身的创新发展；过多地强调竞技体育的经济价值而淡化了其本质上对公平公正的追求，致使科学技术在竞技体育领域的异化。鉴于此，正确认识科技发展对竞技体育带来了哪些益处与哪些弊端，并权衡其利弊，从而为促进科学技术与竞技体育更好地融合发展提供理性思辨。

（一）科技发展极大地促进了竞技体育的飞速发展

随着科技的发展，生物技术、信息与数字技术、新材料技术等等高科技在现代竞技体育中得到广泛运用，并极大地促进了竞技体育的发展。利用生理、生化指标进行科学选材已成为世界各国选拔优秀运动员不可或缺的手段，而生物基因技术则能更加针对性地选拔那些具有先天禀赋的优秀人才。因为人的身体心理素质及其发展潜力具有相当高的遗传度，例如，肌纤维特征，男性遗传力为 0.995，女性为 0.925；中枢神经系统遗传力男女都达到 0.90；意志坚韧度遗传力男性为 0.96，女性为 0.83；反应速度遗传力男女达到 0.75，专项耐力达到 0.85 等等。利用限制片段长度多态性 (RFLP) 技术和随机扩增多态性 DNA(RAPD) 技术，分别对优秀运动员的力量、速度或耐力的 DNA 多态性进行检测，以找出他们基因组之间的差别和特异性基因，然后进行克隆，制备成基因探针，最终利用探针杂交，来检测运动员所具有的身体素质特性，同时建立优秀运动员基因库。在运动训练与比赛中，更是能看到科技发展给竞技体育带来的变革。如，信息与数字技术还广泛应用于竞技体育的比赛、训练、恢复和管理过程中，例如利用数字图像识别系统中的相关技术从而对运动员技术动作进行处理和反馈；将信息技术、射频识别技术与体育竞赛相结合，研制出了适合于长距离比赛的自动计圈及计时系统；利用相关软件对运动员场上的运动轨迹进行跟踪测试；监测运动员的运动负荷与技术；利用网络传播技术对运动员进行相关领域的专家会诊和状态诊断等等。在新材料技术应用方面，竞技体育更是表现出了其优越性。例如：利用塑胶材料做成"跑道"，用尼龙制"撑竿"，重量更轻更节省体能的高科技跑鞋等等，直接促进了田径项目运动成绩的大幅度提高；"海绵坑"的出现使体操、技巧等项目的技术动作发生了革命性的变化；用新材料制作的"鲨鱼皮"泳装提高了悉尼奥运会游泳运动员的成绩等。数字化的比赛场馆不仅能充分发挥运动员的竞技水平，也能让观众更加舒适地欣赏比赛。原来需要在高原地区才能进行的高原训练，现在通过模拟高原环境设计的低压氧舱和面罩同样可以刺激促红细胞生成素的分泌，进而提高红细胞的数量以及血红蛋白与肌红蛋白水平，增强血液和肌肉运输氧的能力，增加最大摄氧量，最终提高耐力水平，科学技术的融入使得运动训练更具有科学性和针对性。

科学技术在促进竞技体育发展方面涉及众多领域，它们都直接或间接地提高了运动成绩，降低了运动员的伤病风险，延长了运动寿命，同时也给国家和民族带来荣誉，这也是各国都大力发展体育科学技术的原因所在。生物基因技术在运动员选材领域的应用，极大地提升了选材的成功率，降低了淘汰率，也节约了大量的人力物力财力资源。信息与数字技术广泛应用于竞技体育的比赛、训练、恢复和管理过程中，使我们更加轻松地掌控整个比赛并在合适的时刻进行科学干预以及赛后分析总结，让我们在训练过程中更加科学地控制训练的负荷以及利用新技术新方法进行训练，并合理地安排恢复的时机与时间，已达到训练效益的最大化。而新材料技术在竞技体育领域的应用更加直接地提高了运动员的成绩。此外，在兴奋剂监测方面，更能直观地体现出科技"进步"对竞技体育的影响。

（二）科技发展给竞技体育带来的弊端

竞技体育是一种制度化、体系化的竞争性体育活动，它是以攀登运动技术高峰和创造优异运动成绩为主要目的的一种运动活动过程，以打败竞争对手来获取有形或无形的价值利益为目标，在正式组织起来的体育群体的成员或代表之间进行，强调通过竞赛来显示体力和智力，在对参加者的职责和位置做出明确界定的正式规则所设立的限度之内进行。竞技体育的竞争性和功利性，使得科学技术成为人们在法律规则内外寻找漏洞的有力手段，也为取得优胜结果而不择手段提供了无限的可能。对竞技体育经济利益的追求致使科学技术在竞技体育中异化，引起了部分人体育价值观的沦陷，以及科学技术的工具化与体育伦理道德的丧失与扭曲。在我们与兴奋剂等违禁药品使用的斗争中，更是将科学技术的异化体现得淋漓尽致。

科技进步在竞技体育领域的异化，竞技体育领域因追求经济利益而产生的腐败、赌球、黑哨等，以及竞技体育文化的扭曲、过度的商业化运作、重结果轻过程的竞技观和人文素养的缺失等等，导致了人们对竞技体育的失望与惋惜，人们不再愿意相信竞技体育所宣扬的公平、公正、规范等原则，也不会因竞技体育比赛的精彩而激情飞扬振奋人心。竞争的魅力就来自于人人都有可能战胜对手的概率倾向，而这种概率倾向却在当今竞技体育比赛中带有明显的指向性.。体育科学技术的差异以及地区经济的悬殊使得本该公平公正的竞赛在起点上就已经发生了偏离，这使得竞技体育失去了其原有的价值取向。

（三）利弊权衡与融合发展

1. 利弊权衡

所谓权衡通常是指比较、衡量之意，利弊权衡即利弊比较或利弊衡量。对于本节而言就是要对科技发展给竞技体育的利益与弊端进行衡量，并进行优化。唯物辩证法认为普遍联系和永恒发展是世界存在的两个总的基本特征，一切存在的事物都由既相互对立、又相互统一的一对矛盾组合而成，矛盾着的双方既对立又统一，从而推动着事物的发展。科学技术的进步对整个社会都带来广泛的影响，竞技体育自然不可能避免，科技与竞技体育的融合发展是社会发展的必然。科技进步是体育事业发展的强大动力和强大支撑，"科教兴体"是我国体育发展的一个重要方针。坚持科技兴体是发展体育事业，实施全民健身计划和奥运会争光计划的重要手段。可见，科学技术与竞技体育存在着必然联系，这是由社会历史发展所决定的，科技进步推动了竞技体育的发展，而竞技体育的发展在一定程度上又促进了科学技术的进步。进而科技发展与竞技体育之间也存在一定的矛盾，它同样给竞技体育的发展也带来了诸多问题。正如前国家体育总局局长刘鹏于2009年9月27日在新中国成立60周年体育事业发展新闻发布会上回答郭卫民的提问时说到"科技进步是体育事业发展的强大动力和支撑，但不可否认，如果科技手段在体育领域滥用，就会破坏体育公平、公正原则，甚至污染社会空气、影响社会道德。"而事实证明，科学技术在竞技体育领域存在异化现象。鉴于此，我们所需要做的就是权衡其利弊，既不能因为带来益处而盲目发展，也不能因出现弊端而拒之门外。对于竞技体育而言，应积极引导科技对竞技体育发展的积极因素，最大化地挖掘科技进步给体育带来的益处并促进竞技体育的发展，但同时也要把握好度，不能只顾积极效益而忽略竞技体育文化价值。而对于科技发展给竞技体育带来的弊端，应尽可能地去抑制、限制或坚决抵制，如，坚决抵制兴奋剂的使用，限制高科技产品在比赛中的使用等。此外，学术界应加强理论研究，探索科技发展与竞技体育融合发展的有效机制，促进共生效应，引导其积极因素，避免科学技术在竞技体育领域的异化。

2. 融合发展

科学技术与竞技体育融合发展是社会发展的必然趋势，也是科学技术与竞技体育自身发展的必然要求。融合发展是为了促进竞技体育以及体育科技的可持续发展，是为了满足人们对竞技体育的各种需求。科学技术本身并不存在好坏之分，而是在一定的社会环境下，由于人的欲望或迷失而导致了科学技术的错误应用。推动科学技术与竞技体育的融合发展，避免科学技术在竞技体育领域的异化，关键在于避免社会和人的价值观与文化观的异化。因此，我们提出以下建议：竞技体育价值的回归。加强理论研究，突出竞技体育自然属性、社会属性以及人文属性，回归竞技体育的价值，即"竞争""育人""文化"价值。如，李力研所说体育运动就是人类本能与欲望中有关竞争与征服的宣言书，它自觉或不自觉地充当了一种宣泄"竞争欲望"的窗口。而竞技体育则将这种竞争欲望诠释得更加透彻，这里的竞争指的是公平公正的竞争，是不容污染的；竞技体育的价值也体现在"育人"上，它是培养全面、协调、完善发展的人的重要手段；竞技体育的价值更体现在"文化"上，它是一种记录人类潜能的人体文化，一种提高社会道德水平的规范文化，也是一种提高审美意识缓解压力的情感文化。其二、加强法制与道德建设。加强体育法制建设，对于科学技术在竞技体育领域的滥用或恶意实用要施以重拳，运用法律去解决问题。同时加强道德建设，提高人们的道德品质，坚决抵制兴奋剂等药品的使用，并建立竞技体育道德评价体制。其三、构建科学的体育价值观。体育价值观是体育的价值在人们头脑中的反应，或者说是体育价值的基本观点或基本看法，是指导人们对体育问题做出价值判断和价值取向的基本原则。新时期应该构建出在满足个体需求的基础上的多元化体育价值体系，它包括：健康价值、教育价值、竞争价值、休闲价值、文化价值以及经济价值等。科学的体育价值观能使人们更加理性地去看待科学技术与竞技体育的融合，而不是只看到经济价值。

　　社会的发展需要科技发展的推动，又反过来促进科技发展；而社会的发展进步又体现在人的发展上，因此，科技发展也应坚持以人为本，促进人们生活水平和质量的提升，而不能有损人的发展和社会的发展。对于竞技体育而言，科学技术的移植创新是为了促进竞技体育的发展，丰富人们的生活，其本质并无好坏之分，之所以会产生益处和弊端，是因为社会、人的干预以及竞技体育自身的问题。科学技术在竞技体育中的运用不能以牺牲人的主体性为代价，更不能违背和制约人与社会的和谐的发展来换取竞技体育的功利性价值．科学技术的进步与竞技体育的发展应该是理性的协调发展，在以人为本的前提下，需求共生效应融合发展，而非偏执地追求功利性价值。

第六节　世界体育文化展望

　　信息化时代，发源于工业时代的西方体育，出现了一些与现代社会发展不相适应的问题。中国体育文化发源于农业时代，在应对当今社会发展问题时，也出现了或多或少的不相适应。随着我国综合实力的日益增强，东方古老的文明开始被世人瞩目，承载着中国传统文化信息的中国体育，也开始被世人所关注。而西方体育在现代性方面所固有的特性，也正是中国体育文化所缺失的。因此，当世界体育文化朝着多元性和多样性的方向发展，中西方体育文化之间是辩证的对立统一的，是可以相互借鉴、交流和互补的。

一、中西方体育文化互补发展的现实审视

不同文化背景形成了不同中西方体育文化特性。西方体育文化强调科学实证和征服自然能力，追求个体的完全发展，注重运动的竞技技术，追求更高、更快、更强、超越人的生理极限；而中国体育文化注重修身养性的整体养生观，追求天人合一的思想，追求人与自然和谐发展，表现出一种健康和中庸的体育理念。中西方体育文化所依存的社会背景和哲学思想、表现形式、核心理念方面存在显著差异；然而中西方体育文化追求和平、公正和以人为本又表现出文化共性。

（一）中西方体育文化的差异性

1. 社会背景和哲学思想的差异

中国的传统文化是在几千年农业文明的基础上形成的。得天独厚的地理位置，自给自足的自然经济，促使中国人具有了勤奋、朴实、稳重的民族特性。在身体健康方面注重安乐、尊重自然、注重节制和养生之道，并形成了与之相适应的养生体育。中国体育文化具有朴素唯物主义的哲学思想，提倡阴阳五行之说，天人合一。而西方体育文化是在工业文明中发展起来的，因其特殊的地理环境，使西方人具有冒险精神，并且崇尚与自然竞争，提倡自由、民主、平等，形成了竞争性、惊险性、超越性等民族特征。西方体育文化是以自然科学理论为基础，注重科学实验、解剖实验和生理学等学科知识的综合运用，由此，西方体育发展具有坚实的科学基础。

2. 表现形式的差异

中西方体育文化外在形态的差异性，源于各自不同的文化风格。中国体育文化一向秉承心欲宁、志欲逸、气欲平、体欲安、貌欲泰、言欲讷的观念。与传统文化观念相切合的项目，多以娱乐、表演为主要性质，强调对自身形态的雕琢，更注重神态的提升，把"形"与"神"作为一个整体，注重内外合一、形神兼备的内敛美，既注重练形，又注重练神且审美又是在形美的基础之上实现内在性的超越。如以武术为代表的中国项目就是典型的形神关系，它最能反映形神和谐美的本质特征。相反，身体接触较多的运动项目难以流行。

西方体育文化受古希腊罗马文化的影响，以相互竞争、角力为基本运动形式，对于竞争性与对抗性较强的角斗、拳击等竞技活动情有独钟。西方体育是以发展身体作为体育发展目标，即重视练习形。所谓形，即是身体的意思，指人的体能、体格和机能等。西方体育用速度和力量来锻炼身体，即严格按专门性和针对性的方法训练运动员的身体，用最快的速度和最大的力量，使骨骼强健，肌肉发达，从而促进人体运动能力朝着"更快、更高、更强"的方向发展。

3. 核心理念的差异

"天人合一"与"中庸和谐"是中国的传统文化的精髓，以仁礼为核心，提倡修身养性的价值观，注重人的内在道德行为的培养，通过身体练习形成以柔克刚、形神合一的体

育精神，体现出人与道的和，人与天的合。中国的传统文化强调社会的整体利益为重，个人利益应该服从社会整体利益。当二者发生矛盾时，必定以整体利益为先，只有当整体利益得到稳定发展，才能确保个人的最大利益。在体育比赛中的"友谊第一，比赛第二"就是典型的集体主义原则，在个体与群体之间强调群体利益为先。

西方体育文化是一个不断超越的文化形态，在其发展的过程中更多地体现为浪漫、自由、进取的精神。它的核心是个人主义价值观，认为人要为自己个人的利益而奋斗，有个人才有社会整体，个人利益高于社会整体利益。即以个人为中心，突显个人的价值，外在表现形式为不断超越自我和自我肯定。与之相对的以竞技体育为主要特征的西方体育文化，以力量和身体完美为目的，鼓励在公平公正的基础上，以竞争为核心，不断地超越自我，体现出"更高、更快、更强"体育精神，追求个人利益的最大化。这种文化精神体现了西方体育文化的竞争、对抗、超越的特征。

（二）中西方体育文化共性

1.和平、公正是基本出发点

在中国的思想史上，儒家文化长期占据统治地位，因此，中国体育文化在很多方面表现出礼与和的文化特征，这种"仁"和"礼"的特征，处处规范着中国体育文化，在体育活动中表现出追求公正和平的特点。而西方体育中蕴含的自由、平等以及博爱等观念，以及在体育文化中所体现的和平、公正的宗旨与中国体育文化表现出的和平与公正的特点不谋而合。

2.建立在"以人为本"的基础上

中西方体育文化都注重人的全面发展，无论是中国体育文化中注重形、神、气结合的养生过程，还是西方体育文化中注重练形、追求刚劲，都是追求人的健康长寿，力求身心愉悦的过程。西方体育力求使人的潜能最大限度地发挥出来，以追求人的身心健康和谐发展为目的，讲究超越极限，创造奇迹。中国体育文化倡导德艺双馨、文武兼修，在文化思想上把促进人的发展和完美当作锻炼目标，这一点上中西方体育价值目标是一致的。

（三）中西方体育文化在开放交流过程中互补发展

文化是一个相互影响、相互联系、相互制约的开放体系，任何一种文化都不能在封闭、孤立的环境中生存、发展，尤其是在信息化时代，每一种文化都与其他文化处于必然的联系中。任何一种文化要顺利发展，必须要与其他不同质的文化进行沟通、交流，同时学习、借鉴、吸取异质文化中的优秀成分，从而丰富自己的文化内涵，促使自身文化的不断进步。文化的开放交流性是实现中西方体育文化互补发展的重要条件。

在古代，由于自然和政治等原因限制，各国与各区域之间的文化交流很少，即使有，也是一种自发和无意识的交流。到近现代社会，世界的整体格局较为稳定与安全，中西方体育文化之间的交流不断加强，和平与发展成为时代的共同愿望与要求，中西方体育文化的发展进入全新的发展模式。西方体育文化凭着自由、民主和平等的文化思想在强大的经济政治的庇佑下传遍了整个世界。世界各地都学习和模仿它的各种先进的体育科学、体育体制和学科理论。面对世界体育文化发展的新格局，中国体育文化必须加强与西方各国的文化交流，不断吸收西方体育文化的精髓，创新体育体制，同时要把中国优秀的传统体育文化推向世界，从而向世界展示优秀的体育精神文化。

西方体育文化因其重利和竞争的思想在发展过程中出现了道德的异化。中国的体育发展虽没有西方国家发展快，然而其所蕴含的儒家道德文化使人在体育过程中追求精神上的快乐和人的和谐发展，即形成了"修身养性"的体育观。因此，无论是中国体育文化，还是西方体育文化，都应该以开放的眼光与胸怀审视和对待对方的优缺点，加强彼此的整合与交流，以对方文化特质来弥补体育文化发展过程中出现的异化现象，共同促进世界体育文化的发展。

二、中西方体育文化互补发展的对策

（一）引进西方体育理念丰富发展中国体育文化

体育文化是一个长期的演变过程，因而中西方体育文化在相互交流的同时，势必会吸收其精华的部分。随着市场经济和对外开放政策的快速发展，中国体育文化必须输入新的血液，吸取西方体育文化中的优秀部分进行补充。

1. 以"西方休闲运动"丰富中国体育活动体系

西方体育文化在物资层面上对中国体育文化做了很好的补充作用，在一定程度上促进了运动项目的丰富、运动形式的多样性、场地设施和体育器材以及运动技术创新性的改善。尤其是从西方传入的新兴休闲运动更加丰富和补充了中国体育文化的物质文化，它作为西方体育运动形式和体育文化现象传入中国，已经成为中国人休闲的方式。休闲运动是一种非竞技运动，通过运动达到超越自我和完善自我、考验自我的体力、意志和智慧的运动项目。其包括：攀岩、登山、蹦极、冲浪、野外生存、漂流等。休闲活动富有挑战和刺激性，但没有竞争和功利性的运动方式改变了中国传统的运动理念，并且随之而来的还有一系列休闲运动的商品充实到中国的体育产业当中，并逐渐进入了人们的生活。因此西方休闲运动也在运动价值观和理念上影响和补充着中国的体育文化。

2. 以西方竞争意识提升中国体育精神追求

中华民族具有悠久的历史文化，使长期生活在自给自足的农耕自然经济中的人们形成了向往和平、宽厚、容忍的性格。再加上"中庸仁爱、天人合一"的传统思想熏陶，导致中国体育文化缺乏竞争意识，长期推崇"中庸"的处事思维方式和行为准则。这种中庸思想与西方的竞争思想是大相径庭的。此外，中国传统思想中的重视整体的集体价值观，要求个人利益服从民族国家的整体利益，个人利益的追求和价值的实现，这样也大大削减了竞争的原动力。西方体育文化因特殊的地域文化背景使其具有很强的竞争性和对抗性，竞争是西方道德文化的核心，也是最突出的特征。西方强烈的竞争意识正好弥补中国体育道德文化的这个缺陷。西方强烈的竞争观念给中国体育文化的创新发展带来了新的观念，它所体现的竞争观念和现代社会是相一致的，并逐渐成为中国体育文化发展的新思路。

3.参照西方体育法制条例完善中国体育制度文化

中国古代强调人们的自律意识且制定了系列惩恶扬善的法规条例，是一个受儒家、道家文化深刻影响的德治国家。孔子在战国时期曾游说列国，提倡"克己复礼"，试图改变"礼崩乐坏"的局面。子曰："非礼勿视，非礼勿听，非礼勿言，非礼勿动。"（《论语·颜渊》）他把"仁、义、礼、智、信"作为人与人之间的相处方式。中国的传统项目"武术"的"武"字拆开是"止戈"，意思是"制止动干戈"，维护和平与安定。在比武之前使用举手、鞠躬、跪拜或作揖、抱拳等方式代表主动遵守规则，维护礼仪。随着中西方体育文化交流的日益增多，中国体育文化也受到了西方受损的道德文化影响。在强大的物质利益诱惑下，致使中国传统文化中优秀的道德品质岌岌可危，建设完善的体育法律法规已经迫在眉睫。中国的体育法起步晚，1995年形成现用的体育法。随着社会的迅速发展，中国现用的体育法有很多局限性，而西方法律所具备的内容精确、操作性强和权利义务明确等特点，对西方体育法的形成奠定了很好的基础。西方体育法内容全面，既明确了体育相关各方的权利、义务和责任，同时又保证了竞赛的公平与公正，值得中国学习和借鉴。

（二）中国体育文化对西方体育文化的价值补偿

西方体育文化在世界广为传播，强大的竞争意识虽然推动了西方竞技体育的快速发展，但一些亚文化现象也随之产生，如，西方体育文化中个人主义和重利轻义的思想、过度的商业化与竞技化，导致个人主义横行、假球黑哨、体育暴力、滥用兴奋剂、高科技作弊、拜金主义、民族主义等问题，最终引起西方体育文化中的道德调控机制弱化。而中国体育文化所蕴含的"重义轻利""重德尚道""修身养性""真善美"等思想为西方体育文化发展提供更多元的价值观选择，从而使西方体育精神文化朝着良好的态势发展。

1.以"重义轻利、重德尚道"道德观调整西方体育文化发展价值导向

随着市场经济的迅猛发展，义和利之间的矛盾在竞技体育中表现得非常突出。物质利益是人类生存的必备条件，当物质利益足以支撑人类生存和发展之后，人伦道德就显得越发重要。重义轻利表现在体育领域，就是以促进世界和平与发展为目标，鼓励体育从业者弘扬奥林匹克精神，重视国家和集体的利益，能在竞技运动中得到一定的物质利益作为回报，即利。然而，在当今竞技体育范围内出现了为了利益以牺牲国家、集体利益而不择手段，将竞技体育的未来发展置于不顾，使其严重脱离奥林匹克运动的发展理念。尤其需要吸收中国的文化精粹来调整与约束。《论语·阳货》曾论道："君子以义为上，君子有勇无义为乱，小人有勇无义为盗。"义是评价君子与小人的一个重要标准。孟子直接提出来舍生取义，应重利轻义，义成为衡量人行为的最高道德标准。所以坚持重义轻利的道义观思想对功利主义的西方体育文化发展提供有益补充。

重德尚道的思想一直贯穿于中国传统文化，它是社会文明进步发展的精神体现，也是

民族觉醒的理性表现。重德尚道就是自觉地遵守、维护德和道，把它作为最高的行事原则。中国自古以来就把德摆在首位，地位很高。古代的圣哲认为德和道两者之间有必然的联系，正如老子所说的"尊道而贵德"。有鉴于此，道与德是分不开的，离开了道，就无从谈德。重德尚道是人们处理和解决矛盾问题所坚持的原则、是中华民族优秀品德形成之源、是人文精神和理性主义的高度体现。随着近代西方借助强大的经济实力，将其文化意识形态在世界范围内的不断扩张，致使西方体育文化强调自我意识形态的发挥，推崇享受个人的权利和自由。再加上金钱的诱惑，使赛场上出现了很多与道德不符的言行和举止，导致的影响非常恶劣，如体育暴粗、恶语伤人等，出现严重的道德危机。

中国体育文化是以伦理为中心的泛道德主义文化，它要求人们遵守道德和秩序、具有自律意识，重视道德教化的作用，人与人之间保持良好的人际关系，最终能够建起和谐融洽的氛围。因此，把这种重德尚道的德礼思想引入到西方体育文化的发展中，能净化体育赛场，人与人之间能形成良好的人格和和谐的人际关系，最终目的实现了和平。

2. 以"修身养性的养生思想"丰富西方体育文化内涵

不同的时代与学派形成了中国的传统体育文化理论来源。天人合一主张人应该道法自然，人为人与自然是有机整体，强调人应当顺天，不能违背自然规律。老子强调人的行为规范要遵循自然法则，因此，提出了"人法地、地法天、天法道、道法自然"的说法。天地、万物、男女、夫妇、父子、君臣、上下，这说明天、地、人是统一的整体。正是在这样天人合一思维模式的影响下，古代人强调修身养性、身心兼备，注重身心和谐统一，在体育文化上表现出运动的适度与和谐，形成了整体的养生观。而西方体育文化在不断征服自然和改造自然过程中，认为人与自然环境是分裂对立的，倡导个体张扬个性，通过个体对抗、竞争和冒险精神，不断的改造和征服自然，才能达到完美。因此，西方体育文化因为过度的追求竞争出现了明显的个人主义而忽视了集体利益；而过度的改造自然而忽视人与自然的整体统一性，最终影响了西方体育文化的健康协调发展。

中国体育文化的价值落脚点就是修身养性，它倡导身心的和谐统一、陶冶性情、培养心灵，强调尊重对手、重视集体利益，这种思想更有利于丰富西方体育文化内涵。

3. 以"真、善、美"的传统道德提升西方体育文化品质

中华民族的祖先在创造文明的过程中，通过对丑、恶、假的批判，将真、善、美筛选出来，组成了中华民族传统道德的精华，这些精华是传统文化的历史积淀。真代表追求高尚的品格、追求普遍的真理；善表达民族的淳朴心声，代表对正义的追求；美代表民族的价值追求，促进人们对身心的净化。中国传统文化体系中处处可以看到真、善、美的体现。孟子云："居天下之广居，立天下之正位，行天下之大道。得志与民由之，不得志独行其道。富贵不能淫，贫贱不能移，威武不能屈，此之谓大丈夫。"（《孟子·滕文公下》）可看出古人身体力行的追求人格品德的最高境界。由于西方体育文化功利思想的出现，使其在发展过程中出现了与真、善、美相悖的情况，尤其在竞技体育领域，漠视体育规则、腐败、弄虚作假等违背真。损人利己，为个人利益致集体与国家的利益于不顾，违背了善。滥用兴

奋剂、辱骂裁判、殴打教练与对手、思想狭隘、球员与球迷发生冲突，违背了美。这些都是社会公众心态失衡的表现，西方体育运动健康发展因而受到阻挠和困惑。由此，必须用"真、善、美"价值标准指引正确的发展方向。将真运用到体育运动领域，就是要遵循体育的科学规律，遵守体育比赛的规则，在运动竞赛中真正的展现自己的能力与水平；将善运用到体育运动领域，要体现以人为本的原则，认清体育发展的本质与规律，遵循和运用规律作为体育发展的目标；将美运用到体育运动领域，就是要展现体育的形态美，展现体育的竞技美，追求崇高的体育精神境界，进而推动体育和谐发展。

　　体育文化作为全人类的共同文化财富，在本质上是一种身体文化，尽管在存在方式和组成结构方面，各民族都有一定的差别，但体育文化具有超越地域、超越政治、超越种族、超越国界的特点，这也是体育文化世界传播的基础和前提。要想世界体育文化发展保持强劲的活力，中西方体育文化在碰撞与交流之中，必须各自保有地域性，又不失原有的文化性格，并且两者相互吸收、借鉴和补充各自文化的优秀部分，这也是体育文化持续发展的根本所在。中西方体育文化产生的社会背景和哲学思想、表现形式、核心理念存在着显著差异，然而其主要目标都是促进人的完美和发展；互补发展是中西方体育文化发展的必然趋势。中国的体育文化发展要进行创新发展，就需要加强与西方体育文化的交流并取其精华，西方体育文化在物质文化、制度文化和竞争意识培养方面对中国体育文化做了很好的补充。而西方体育文化要想得到更好的发展，也需要从中国体育文化的精神文化方面吸取优秀成分进行有效补充。中西方体育文化的互补发展，既有利于中国体育文化进行正确、自主的文化选择与传播，创造出与时俱进和动态的体育文化生态体系，取得文化转型的自主能力；又有利于西方体育文化剔除不正风，在追求更高、更快、更强的道路上健康、可持续的发展。

第二章 体育运动的价值作用

第一节 体育运动对人的生理健康作用

一位世界名人曾经这样说过："生命是美丽的，对人来说，美丽不可能与人体的健康分开。"而达到健康的途径，正如古希腊著名格言所言："如果你想强壮，跑步吧；如果你想健美，跑步吧；如果你想聪明，跑步吧"。这句话说的就是运动对健康的作用，健康是运动出来的。现代人对运动有着一些片面的认识，那就是认为运动是锻炼身体的，使身体保持健美就行而忽略了运动的本质。其实，我们运动是一种态度，当你以一种正确的态度去对待的时候，你的心理正发生一些微妙的变化，而这些变化就是你需要的东西。运动不仅是为了达到身体的健美，更重要的是达到身体的健康，而且不仅是身体上的，更是心理上的。

由于现代生活水平的提高，导致了以前从未出现过的疾病，我们统称为"富贵病"，比如：肥胖、高血压、脑血栓等一系列的疾病。而造成这些疾病的原因一大部分是因为生活方式的不规律和缺乏运动锻炼。

一、健康的概念

1948 年给出健康的概念是：健康不仅仅是免于疾病和虚弱，而是保持身体上的，精神上和社会适应方面的良好状态。在 1990 年世界卫生组织又给出了最新的健康的概念：健康不仅是躯体没有疾病，而且还应具备心理健康、社会适应良好和道德健康。因此，现代人的健康内容包括：躯体健康、心理健康、心灵健康、社会健康、智力健康、道德健康、环境健康等。因此，健康是人的基本权利，健康是人生的第一财富。

二、体育运动的概念

一种涉及体力与技巧的有一套规则或习惯所约束的活动，通常具有竞争性。另一种是指以身体练习为基本手段，结合日光、空气、水等自然因素和卫生措施，从而达到增强体能、增进健康、丰富社会文化娱乐生活为目的的一种社会活动。体育对于促进身体的正常发育和发展、提高心理健康水平、增强社会适应能力、培养全面发展的人才具有重要的作用。二是指在学校教育环境中，指导学生学习和掌握体育的基本知识技能，使他们形成体育锻炼意识，提高体育活动能力，从而增进健康的教育活动。

人在运动的过程中，身体的结构会随着运动而发生变化，可以增强自己的体质，促进新陈代谢，体育运动是人类离不开的运动方式之一。

三、体育运动对健康的作用

现在人们心理都有这样一个想法：大家都知道运动能够给身体带来好处，看到别人一直在锻炼身体，听他们讲述锻炼以后身体比以前更健康了，虽然不了解运动对身体哪些方面有好处，然而自己也跟随着别人的步伐开始了锻炼之旅。

其实，运动对身体有着莫大的好处，不管是身体上的还是心理上的。从本质上说，我们目前锻炼身体不仅是为了保持身体的健康，更重要的是预防疾病的发生。

预防疾病，一个很积极的手段就是运动。人是否生病，除了与外界环境的各种物理、化学、生物等致病因素及机体某些必要物质的缺乏有关外，更重要的是与人体各器官系统的功能、人体对外界环境的适应能力以及抗病能力等因素有关。有些药物可增强抗病能力，但是运动却是加强抗病内因的最积极的手段。运动能通过肌肉活动促进全身各器官系统的功能，促进免疫功能的提高。同时，运动还能更多更好地接受外界环境的刺激，提高人体对外界环境的适应能力。

（一）体育运动对生理机能的作用

运动给予心脏以积极的锻炼，使心脏功能增强，血管弹性改善。它促进体内物质的代谢过程，使具有保护性的高密度脂蛋白增加，从而对心血管疾病的发生起到积极预防的作用。运动能使肺组织保持良好功能，预防呼吸系统疾病的发生。运动不足常使肺泡弹性减退而容易得肺气肿等疾病。呼吸功能低下，也使机体摄氧能力降低，使人体抵御疾病的能力下降。而运动却可使肺泡充分张开，保持弹性。运动能改善骨骼肌肉的血液循环状况，对预防骨关节及肌肉的某些疾病有良好作用。运动能改善和提高神经系统和内分泌系统的功能，对协调全身各器官系统的活动、适应内外环境的变化和抵抗各种疾病提供良好条件。

（二）体育运动对心理健康的影响

运动还有助于促进心理的健康。心理学家指出，心理上的忧郁颓丧、悲观恐惧会大大加速生理老化的进程。运动给人以欢乐愉快和积极向上的力量。运动能调节激素的分泌，改善大脑血流量，使人有愉快感，加上锻炼时有着欢乐气氛的环境，会使忧郁、悲观等不良心理因素一扫而光。并且体育运动伴随着一定的竞争性，能够使人在锻炼的同时增强自身的竞争意识。进而对这个社会充满斗志，保持一种积极了、乐观、向上的态度。

（三）体育运动适量性对健康的影响

运动是塑造体型、预防心脏快速老化、增强心肺功能、促进健康的最佳方法，但是运动也不能过量；否则，身体会受到伤害。运动学专家的调查研究表明，太高强度和密集的运动——每周五次或更多的有氧运动，反而会导致免疫力下降。运动过重对关节也有着严重的伤害。长期对抗地心引力的过量运动后，关节会比常人磨损得快，关节一旦破坏就很难复原，尤其是对器官的自行修补能力较低的中老年人，年岁越高，关节磨损退化的程度越大。而适度的中强度运动却能提高免疫力。因此适量运动是一个非常重要的观念。那么，运动多少才算不过量，就要根据自己目前的身体状况，运动时身体不感觉难受的运动量就是适量。身体越练越强，运动量可逐渐增加，有了一定基础后，可选定一个适合自己的、相对稳定的运动量，并以此来安排锻炼，就可以起到好的健身效果。

（四）体育运动的坚持性对健康的影响

运动需要常坚持。有的锻炼者总是三天打鱼、两天晒网，还有少数人利用双休日进行集中式健身以弥补锻炼不足。健身专家指出，懒得运动会伤身害体；而偶尔运动更会伤身，这无异于饿后的"暴饮暴食"。

现代医学研究发现，喜欢参加体育运动的人的死亡率为偶尔参加体育活动的人的一半。对于那些不能长期坚持运动的人来说，偶尔运动一下的周末健身，将会加重生命器官的磨损、组织功能的丧失而致寿命缩短。运动和不运动者，同是 35 岁，其衰老程度可相差 8 年；到 45 岁可相差 30 年，以后每过 10 年，差距递增 2 年。偶尔运动者和周末集中者大多是平常基本没有运动，身体实际上已经适应了这种状态。若健身时间间隔过长，在锻炼痕迹消失后又进行锻炼，每一次锻炼都等于从头开始。科学有效的做法是每周锻炼 3 ~ 5 次。或者说，最适合的锻炼巩固应该在前一次的锻炼痕迹未消失之前，就进行第二次锻炼。偶尔运动者由于时间限制，没有足够的时间锻炼，然而完全可以选择适宜的项目，茶余饭后就地、就近进行适度的锻炼，同样能使锻炼痕迹像链条一样连接起来。这样，锻炼才能真正起到增进健康的效果。

四、选择正确的体育运动是促进健康的关键

（1）根据自己的喜好选择喜欢的运动项目。不同年龄、性别和文化背景的人，喜爱的运动项目大都不一样，你可以从众多适宜运动项目中选择出自己感兴趣的项目长期坚持锻炼。

（2）根据自身情况选择力所能及的运动。中老年人进行锻炼时，通常给自己定的要求太高，结果因为选择的项目有误而影响自己的情绪，最后导致半途而废，比如说，身材矮小者选择篮球或者关节炎患者练习跳远都是错误的选择。要根据自己身体状况选择自己适宜的项目，这样才能起到好的作用。

（3）不要急于求成。大多数锻炼者可能都会有这样的感觉，自己锻炼的效果并不如自己想象的或者期望的好，而事实上，体育锻炼往往无法取得立竿见影的效果，操之过急的做法是不合理的，我们要尽可能在体育锻炼的过程中感受其间的乐趣。

（4）寻求伴侣结伴锻炼。与朋友结伴进行锻炼减少了锻炼的枯燥乏味，而且通过同伴的激励、竞争和指点，使锻炼变得更加富有魅力。此外，与朋友一起锻炼，可以在快节奏生活的时代里，通过这样的机会增进朋友间的感情。

生命在于运动。选择正确的体育运动方式是对你健康的保障，因此为了你的健康，就从当下开始运动吧。

第二节　体育运动对人的心理健康作用

我国正在进行全民健身计划，其目的不仅是健身，而且还要健心。健康不仅是没有疾病，而是指个人在身体上、心理上以及社会适应上均能保持最佳的状态。随着社会的快速发展，物质文化生活水平逐渐提升，就业竞争日趋激烈，使得人们心理备受压力，对社会大众的心理健康造成了一定程度的危害，影响了社会个体的生活、工作和学习。体育锻炼作为促进心理健康的重要手段之一，越来越受到大家的重视。

大量研究证明，体育锻炼具有改善个体情绪状态、消除心理障碍、增强认知功能、完善自我概念等多方面的效果。然而，一些与之相反的研究结果使得体育锻炼的心理效应变得模糊又复杂。运动干预即便作为心理障碍患者的一种治疗手段，却未得到主流心理健康服务的认可。无论是个人体育锻炼还是集体锻炼活动，都包含锻炼类型、锻炼强度、锻炼时间和锻炼频率等要素。体育锻炼既可以是长期有规律的坚持，也可以是短期随意的参加。因此，区分不同运动特征的体育锻炼带来的心理效应是十分有必要的。目前，体育锻炼促进心理健康的生理机制尚不明了，需要理论与实践的进一步澄清。

一、相关概念的界定

（一）体育锻炼

根据文献资料的研究结果，对体育锻炼的定义和表述有所不同，尽管表述各异，但基本内涵差不多。体育锻炼是以身体活动为基本手段，为了促进健康而进行的有规律的、结构性的活动，对身体机能、心理健康产生积极的作用。

（二）心理健康

心理健康是一个综合的概念，现在对心理健康的定义还没有一个完全相同的标准，不同的学者对心理健康具有不同的观点和看法，然而都表示心理健康是个体自身内部协调和外部适应的结果。心理健康包括心理状态和心理调节能力，其标准是相对的，心理健康是一个持续动态的过程，没有心理疾病或障碍是心理健康的基础，具备积极的心理状态是保持心理健康的条件和要求，可以从情绪状态、认知能力、自我概念、人际关系与社会适应等方面来评价心理健康状况。

二、体育锻炼对心理健康的影响

（一）体育锻炼对情绪状态的影响

广义的情绪状态是指情绪本身的存在形式，主要包括：心境、激情、应激等。体育锻炼可以改善情绪状态，带来积极的情绪体验。熊明生等的研究证明，参加体育锻炼可以有效改善心理健康状况，缓解抑郁、焦虑、敌对、恐怖等心理状态。肖海婷对珠三角农村留守老年人进行体育锻炼干预的研究发现，在强迫症状、抑郁、敌对、偏执、精神病性等心理因子有明显的改善。史文艳研究指出，体育锻炼作为一种行为干预手段，对焦虑、抑郁、强迫等心理症状有很大的促进作用。陈开梅等研究认为，身体锻炼对心理应激具有直接效应。兰宝森的研究结果表明，体育锻炼能够对少数民族大学生的心境产生有益的影响。

综上所述，体育锻炼可以有效改善情绪状态。人们在参加体育锻炼时，注意力被转移，忘掉了在生活、学习、工作中的抑郁和失意，释放了心理压力，调节了紧张的情绪，并且可以得到更多的社会支持，缓解了心理应激反应。体育锻炼还可以带给人们愉悦的情绪体验，改善消极的心境状态，从而使得焦虑、烦躁等不良状态得到改善。

（二）体育锻炼对认知能力的影响

认知能力是指人脑加工、储存和提取信息的能力，它是人们成功地完成活动最重要的心理条件，包括知觉、记忆、注意、执行功能、思维等。高旭等研究发现，身体锻炼对中老年人的认知功能产生积极的效应。王甲福研究显示，经常参加体育锻炼的大学生认知水平较高。孙剑对肥胖青少年进行有氧运动干预的结果显示，有氧运动改善了注意集中能力，提高了学习记忆能力。潘家礼等研究结果指出，运动干预对学习困难和正常的小学生的执行功能均有积极作用。殷恒婵等通过对小学生进行 5 种运动方案的研究发现，体育锻炼可以改善小学生的执行功能，"武术 + 花样跳绳 +8 字跑"对转换和抑制功能的效果较好，"花样跑步"对刷新功能的效果较好。

对现有研究结果发现，体育锻炼确实可以改善认知能力，学者针对不同的人群展开了研究。对于中老年人，大部分集中在对认知能力的整体水平以及各维度的研究，由于中老年人随着年龄的增加，认知能力会发生增龄性的减退，长期有规律地参加体育锻炼有利于改善这种增龄性减退。对于青少年，体育锻炼对注意力、记忆力、知觉等方面的作用更明显。对于小学生和学龄前儿童，主要集中研究体育锻炼对执行功能的影响，体育锻炼可以对执行功能的各子功能（刷新、转换和抑制）产生不同的影响。

（三）体育锻炼对自我概念的影响

哲学的 3 大终极问题之一"我是谁"在心理学上一般可以解释为自我概念。身体自我概念是自我概念的重要组成部分，是影响个体生活满意度和主观幸福感的重要预测变量。关于体育锻炼与自我概念的以往研究，学者主要通过身体自尊、整体自尊、通常自我效能感、身体价值感等方面来反映体育锻炼与自我概念的关系。殷晓旺等研究显示，体育活动对身体健全大学生的身体自尊和整体自尊水平的影响效果显著。杨剑等基于体育锻炼的阶段变化模型对肥胖小学生进行干预，结果显示小学生的自我效能感和自尊水平都得到提高。张立敏等指出，持续性的身体锻炼更容易促进与身体直接相关的维度，如身体价值感。高亮等研究结果表明，健身气功锻炼可以使老年人获得较高水平的整体自尊和身体自尊。

综上所述，体育锻炼对自我概念的积极作用已经被证实。体育锻炼可以改善锻炼者的身体状况、运动能力和身体素质，增加身体价值感和身体吸引力，提升自尊水平，并且锻炼者可以获得更多的社会支持，神经系统发生改变，自我效能感增加，进而影响生活满意度和主观幸福感。

（四）体育锻炼对人际关系与社会适应的影响

在现实生活中，和谐的人际关系和良好的社会适应能力是非常重要的。大量的研究已经证明，体育锻炼可以改善人际关系，增加社会适应能力。闫岩研究指出，体育锻炼行为与社会适应能力存在较高的相关性。林友标等研究发现，采用太极拳作为体育锻炼的手段可以对大学生的人际关系产生良性的刺激。殷恒婵等研究结果指出，体育锻炼可以促进学生获得更好的人际感知，改善人际关系，提高困境应对能力。杨秀娣等认为，排舞锻炼可以改善更年期女性的人际关系，提高生活质量。郑春梅等的研究结果表明，有规律的健身锻炼是减少压力因子与提高心理健康的重要手段。陈曙等研究显示，体育干预后农村留守儿童的亲社会行为维度显著上升，同伴交往问题显著下降。

由此证明，体育锻炼不仅是一个身体活动，还属于社会活动。在体育锻炼过程中，锻炼者之间形成融洽的交流氛围，他们可以结交更多的朋友，缓解身心的压力，增加应对困境的能力，提升适应他人和适应社会的能力。

（五）体育锻炼通过中介变量对心理健康的影响

中介变量指能够传递自变量对因变量影响的变量。已有研究证明，体育锻炼不仅可以直接影响心理健康，还可以通过中间变量的作用间接影响心理健康。朱风书等认为，体育锻炼可以通过身体自尊和心境中间变量影响心理健康。刘洋等研究表明，具体身体自尊水平是体育锻炼影响职业女性心理健康的中介变量。高旭等研究指出，老化态度和一般自我效能感在身体锻炼对中老年人认知功能的影响中起中介作用。盛建国等研究表明，自我效能感在体育锻炼的心理健康效应中具有中介作用。颜军等研究发现，身体锻炼的强度和持续时间可以直接或通过主观幸福感这一中介变量间接降低焦虑、社会攻击和性心理障碍。施正雄指出，社会焦虑在训练与心理改善之间起调节作用。陈开梅等研究结果显示，社会支持既可以直接对心理应激起作用，还可以间接起到中介变量作用。

综上所述，体育锻炼不仅可以直接对心理健康起作用，而且身体自尊、自我效能感、心境、主观幸福感、社会支持、社会焦虑、老化态度等在体育锻炼的心理健康效应中起中介作用。但是，少数研究证明，体育锻炼对心理健康的直接效应不明显。如邢峰等认为，身体锻炼到心理健康的直接效应不显著，经锻炼感觉的间接效应显著。

三、与心理健康效应有关的体育锻炼处方

体育锻炼具有不同的运动特征，包括：锻炼类型、锻炼时间、锻炼强度和锻炼频率等方面，进而对心理健康产生不同的影响。

（一）锻炼类型

体育锻炼可以分为有氧和无氧运动、竞技性和休闲性运动项目以及集体和个人项目等，不同的运动类型对心理健康的影响存在差异。全明辉等研究表明，有氧运动、抗阻运动和协调性练习等不同类型的运动方式对不同的认知能力产生影响。刘瑾彦等研究指出，乒乓球和太极拳对老年人认知功能的促进作用更明显。李浩浩研究认为，集体项目和个人项目产生的心理效应有所差异，健美操和篮球这种集体项目更能使女大学生消除焦虑和敌对情绪。吕仙利研究发现，集群性较高、需要配合的体育锻炼项目比集群性低、不需要配合的体育锻炼项目对老年人心理健康水平的改善效果更加显著。孟祥辉研究也发现，以集体形式参加体育锻炼的大学生心理健康水平好于以个人形式参加的。王涛等指出，长期有规律的健身气功锻炼可以有效地改善老年人的心理健康。王莉的研究显示，不同体育锻炼项目对在读研究生的影响程度不同，以有氧运动较明显。张磊等通过比较单一类和混合类运动方案对中小学生身心健康的影响发现，"8字跑＋武术＋跳绳"的混合方案对学生心理健康的促进作用更多。李芃松等对大学生进行不同类型的运动干预研究显示，属于竞技类的篮球、羽毛球、游泳对大学生的偏执、强迫等心理状况有显著影响。

综上所述，由于锻炼动机和身体素质的不同，不同人群选择的运动类型不同。针对中老年人群，多选择散步、太极拳、健身气功等运动项目，运动强度较小，适合中老年人的身体机能，在提高身体素质的同时改善心理状况。针对青少年人群，多选择篮球、健美操、羽毛球、游泳等运动项目，他们的运动能力相对较好。对小学生人群，多选择花样跳绳、跑步、游戏等具有趣味性的项目。大多数研究表明，有氧运动和集体型的锻炼项目所产生的心理效应更佳。然而，刘继志研究表明，参与不同的课余锻炼项目对中南区高等农业院校学生的心理健康产生的效应不存在显著差异，不在于运动项目本身，而通常取决于对其的偏爱。

（二）锻炼时间和频率

锻炼时间包括参加体育锻炼的年限和每次锻炼所持续的时间。颜军等研究表明，锻炼持续时间是健美操锻炼影响大学女生执行能力发展的主要因素之一，相比锻炼持续6周组，12周组的执行功能更好。江大雷等采用35min/次、2次/周的8周中等强度足球运动游戏对学龄前儿童进行干预发现，促进了执行功能的发展，从而提高了抑制和控制能力。张靖波研究发现，每周3～5次运动的高校大学生心理健康状况显著好于每周1～2次运动的高校大学生。陈莉莉研究指出，体育锻炼持续时间在45～60min的学生有着较高的心理

健康水平。赫秋菊研究认为，参加体育锻炼 5 年及以上、每周参加体育锻炼 5 次及以上、每次锻炼 30min 及以上的老年人心理健康水平好于其他。高亮等研究显示，长期参与、每周频率在 5 次以上、每次持续时间在 30min 以上的体育锻炼对老年人保持身心健康较为有益。

综上所述，参加体育锻炼促进心理效应以坚持性为前提，保持一定的运动频率，必须坚持一定时间。体育锻炼年限在 5 年及以上，每周参加体育锻炼 5 次左右，每次持续时间 30min 及以上，心理效应更佳。短期锻炼只是影响个体浅层、局部的心理健康因素。研究者多采用干预周期为 8 ~ 12 周、每周 2 ~ 4 次或 3 ~ 5 次、每次持续时间 30min 及以上的运动干预方案。

（三）锻炼强度

体育锻炼的强度很大程度上影响着心理健康效应。杜娟研究指出，选择中等适宜负荷进行体育锻炼的老年人心理健康水平明显高于选择大、小运动负荷进行体育锻炼的老年人。陈爱国等研究发现，中等强度 (运动心率控制在最大心率的 60% ~ 69%) 短时篮球运球训练对小学生执行功能的改善效果最好。熊明生等研究显示，中等强度的锻炼量和轻松的锻炼感受对心理健康的积极作用最为显著。余玲等研究认为，有规律进行中等强度的运动，运动心率控制在 130 ~ 150 次 min 之间，有助于弱体质学生群体情绪的改善。李焕玉研究发现，中等运动量有利于促进体质消瘦型学生的积极情绪体验，小运动量有利于缓解肥胖型学生的消极情绪。朱风书等研究证明，中等强度 (运动心率范围控制在 135 ~ 150 次 / min) 健美操锻炼有利于提升女大学生身体自尊及其心理健康水平。徐涛等研究指出，低负荷的东北秧歌锻炼对老年人的心理效应最佳。

多数研究证明，中等强度的体育锻炼能够产生较好的心理健康效应。然而对于体质较弱的群体，如，肥胖者、老年人，小强度的体育锻炼也可以改善心理健康。对指导大众健身来说，中等强度的体育锻炼更适宜。

（四）锻炼场地

研究表明，运动场地是影响体育锻炼的心理健康效应的因素之一。张彦研究认为，选择营业性健身场馆的人群，心理健康状况优于平均水平。高亮等研究指出，选择在公共体育场馆、收费体育场馆和单位体育场馆锻炼的老年人心理健康高于其他人群。尹少丰研究表明，选择专业健身场馆进行体育锻炼的社区居民心理健康状况好于其他。

四、体育锻炼促进心理健康的机制

体育锻炼可以改善身体各项器官机能，增加心肺耐力，提高运动能力，改善身体健康状况，以提高身体健康状况来促进心理健康状况的改善，是体育锻炼发挥心理效应的重要途径之一。运动可以强健或改善人类的大脑和神经系统的功能。相关脑区活动水平的提升可能与身体活动导致的"突触发生"、血液供应的增加及尚未明确了解的"胆碱能效应"

有关。体育锻炼过程中机体产生儿茶酚胺等神经递质，改善锻炼者的情绪，减轻焦虑和抑郁症状，精神处于放松状态，有利于促进心理健康。一些学者认为，体育锻炼促进心理健康的原因之一是认知评价产生的作用。对于体育锻炼促进心理健康的机制研究结果不一致，有待深入研究。

五、研究中存在的问题与展望

（一）加大体育锻炼对积极情绪的影响研究

大多数学者集中研究体育锻炼对抑郁、焦虑、烦躁、敌对等消极情绪状态的影响，关于体育锻炼与积极的情绪状态的研究还不多。积极的情绪状态对人们的生活、学习和工作有很大的影响，因此加大体育锻炼对积极情绪的影响研究是必要的。

（二）多采用实验法和结合体育锻炼处方进行研究

在现有的研究中，采用调查问卷方式进行研究的相对较多，结合体育锻炼处方进行实验研究的相对较少。随着现在社会中心理疾病的增加，针对不同人群制订相对应的运动处方是非常重要的。因此，结合体育锻炼处方来探究心理健康效应是非常值得重视的。

（三）研制符合我国国情的心理测量工具

大多数研究中采用的是来自外国学者研制的心理测量工具，尽管进行了信度和效度的检验，但是由于文化差异，可能不能更好地反映被试者的情况。因此学者们需要研制符合我国国情的心理测量工具。

（四）加大体育锻炼影响心理健康的机制研究

关于体育锻炼影响心理健康的机制研究还不多，一些学者认为与体育锻炼引起大脑和神经系统的改变有关，具体的生理机制还不太清楚，需要做进一步的研究。

体育锻炼可以直接促进心理健康，改善消极的心境状态，减少抑郁和焦虑症状，提高认知能力和自尊水平，并且锻炼者可以获得更多的社会支持，改善人际关系和社会适应能力，增加自我效能感，进而影响生活满意度和主观幸福感。

体育锻炼可以通过身体自尊、自我效能感、心境、主观幸福感、社会支持、社会焦虑、老化态度等中介变量间接影响心理健康。

体育锻炼具有不同的运动特征，包括锻炼类型、锻炼时间、锻炼强度和锻炼频率等方面，进而对心理健康产生不同的影响。在坚持性的基础上，采用中等强度的运动负荷、运动心率控制在最大心率的 60% ~ 69%、每周参与锻炼 5 次左右、每次持续时间 30min 及以上、选择营业性和专业性的健身场馆以及集体型的有氧运动项目，对心理健康的效果更佳。

第三节 体育运动对人社会适应性的作用

一、学校体育在培养学生社会适应性中的作用

2014 年 7 月 28 日，国务院副总理刘延东在全国学校体育工作座谈会上强调，健康是青少年成长成才和幸福生活的根基，关系国家民族未来和亿万家庭福祉，各级党委政府要认真贯彻习近平总书记关于增强青少年体质的重要论述精神，树立"健康第一"的理念，组织引导学校、社会和家庭为青少年强身健体创造良好条件，从而为实现中国梦提供人才保障。从生理、心智的发展角度，青少年指年龄在 14 至 18 岁之间的社会群体，这一阶段，他们多处在中学学习阶段，并逐步进入一种人生转变期，即通过综合有关自己对自己、自己对他人、他人对自己的知觉认识，确认个人与周围世界的关系，形成较强的自我意识及初步的人生观和价值观。随着社会文明程度以及经济水平的提升，青少年健康发展所包含的身体健康和心理健康等方面的教育关切，已逐渐深入到大众对孩子健康培养和促进的日常意识当中。

青少年社会适应性是指青少年个体与所处环境的交互过程中，保持和谐平衡的发展状态，从心理和生理上所做出的主动顺应、调控、改变环境的各种适应性的改变，进而最终达到个体与社会环境的一种平衡状态。学校体育是学校教育的重要组成部分，对青少年社会化进程以及社会适应能力提高的推进作用已得到众多学者和专家的著述与认可。提高青少年社会适应的能力，关系青少年的未来发展，更关乎社会发展的未来。从学校体育教育层面来探知青少年社会适应能力的培养，不仅是一个教育问题，更是一个社会问题。

（一）学校体育教育与青少年社会适应性培养的哲学关联

从字形架构来看，说文解字中认为，"人本"是"体"字的核心解读，而"育"指教育，因此，"以人为本""身体活动""教育"这三个由"体""育"二字引申出的关键词道出了学校体育教育的本质内涵。学校体育作为"一种有目的、有意识地培养人的群体性教育活动"，它是教育和体育的结合体，是教育的一部分，在青少年社会适应性的培养中应起到教育补充的作用。首先，它可借助自身学科特点和优势，通过具体的身体实践、创造性活动以及一系列辅助工具和手段，以人的发展为逻辑起点，为青少年个体成为合格的社会人提供最大发展的可能性。其次，它所面临的受教育对象——青少年群体，处于最佳的学习年龄，接受能力较强，愿意接受新鲜事物、可塑性较强。第三，区别于儿童期的学校体育，随着青少年身心各方面发育的不断成熟，这一时期体育教学形式和具体的操作内容更为开放和独立。因此，学校体育可更有效地以实践为途径，采用身体活动的主体体验式教育，通过个体的直接参与，也是培养青少年社会适应性有效的教育手段之一。

（二）学校体育在青少年社会适应性培养中的发展困惑

1. "以人为本"核心发展观念与学校体育课程建设滞后的曲高和寡

尽管"以人为本"已成为学校体育教育发展的主旋律，然而从目前学校体育的教学形式来看，脱离社会生活经验的运动项目技能学习是直接经验获得的单一形式，不注重思维发展能力的培养，缺少合理教学场景的设计，青少年学生缺乏对运动项目内涵的体验感受，无从认同体育学习内容对于自己生活的重要性，更谈不到学习的乐趣。从教育内容的选择来看，体育在教学体系中长期处于一个恶性发展循环的弱势发展状态。此外，学校为了拿名次，为学校发展增加附加砝码，校园竞技体育运动项目成为学校体育发展建设的重点，体育的教育内容呈现单一枯燥，不利于有效组织合理展开，表现出严重脱离生活的发展倾向。从教育内容的编排来看，教育内容并没有遵循科学的教学原则，内容的编排不符合学科知识的系统性。从教育途径来看，重视个体技能学习和知识的掌握，不能有效地调动个体与个体之间、个体与群体之间的交往与内化。这使体育教育很难体现自身学科发展的特点和优势，从而在整个学校教育体系中仍处于弱势发展地位。这很容易使学生对体育课的重视程度和参与程度降低。

2. "健康第一"理性发展原则与青少年社会适应健康现状关系

《国家中长期教育改革和发展规划纲要》强调"加强体育，牢固树立健康第一的思想，切实保证体育课和体育锻炼实践，加强心理健康教育，促进学生身心健康、体魄强健、意志坚强。"世界卫生组织（WHO）在其《组织法》中指出："健康是身体的、心理的和社会的完满状态"的三维概念。身体上的健康是指躯体、器官、组织及细胞的形态、机能的完整；心理上的健康是指精神与智力处于完好状态，内心世界丰富充实，适应外界的变化；社会上的健康是指有良好的人际交往、社会角色功能及对他人和社会健康承担义务。然而据相关资料表明，青少年除了身体素质飞速下滑之外，不喜欢接触社会、对于人际交往和社会活动漠不关心、和家人很少沟通、对生活及学习等环境难以适应、人际关系难以协调、角色错位和不适应的案例比比皆是，导致抑郁、焦虑情绪等不良症状在越来越多的青少年群体中得以显现。在现实中受挫之后，过分依赖网络所形成的虚拟世界，逐渐脱离现实世界，甚至出现新型"自闭"的青少年群体数量也在逐年增长。新浪河南发放问卷 2000 份，以郑州市内随机抽取的 14 所中学中的 2000 名中学生为调查对象，回收有效问卷 1823 份，有效率达到 91.65%。问卷调查中男生占 49.9%，女生占 51.1%；初中占 63.1%，高中生占 36.9%。通过调查，数据显示，有 19% 的学生称，自己曾经想到过"生活没有希望"，5%的学生这一想法较严重；11% 的学生称"我一直都担心和别的同学相处不好"，40% 的学生认为"我有时会担心别的同学不喜欢我"，44% 的学生认为，"同学纠纷"曾对自己造成了很不好的影响；22% 的中学生认为自己"和老师关系紧张"等等。

3. "文化育人"中心教育思想与学校体育教学实践的相去甚远

"文化育人"是学校体育教育发展理念的应然选择。学校作为知识的集中地，是保存、传承、传播和创造先进文化的重要场所，学校体育作为教育的组成要素，担负着先进体育文化传承和创新的历史使命，这是其作为学校体育教育的特殊定位。文化是体育发展层面中最核心的部分，是体育发展的内在动力，也是人们对体育价值的认同从工具理性上升为价值理性的重要表现。学校体育"文化育人"是"文而化之"的教化过程，它不仅需要发展人的身体素质和运动能力，更强调唤醒学生的生命主体意识、生存价值感，塑造健全的人格心灵，它不是灌输和说教，是建立在个体亲身体验后的情感化育。然而学校教育的现实实践中，仍是停留在单纯的"知识育人"和"技能育人"。学校体育被简单地等同于技战术教学、身体锻炼，过多的目光投放到运动竞赛和运动队、体育特长生的培养上。作为素质教育的重要平台，体育对青少年学生内心世界的冲击与塑造力度还很不够，因此，文化的缺失是学校体育活力匮乏的主因。对学校体育"文化育人"的忽视、漠视和轻视必将导致学校体育主线条的模糊和发展方向的迷失。

（三）"生活"——学校体育在青少年社会适应性培养的中心

1. 生活即教育：由知识教育回归能力教育，"生活"回归是根本

"没有生活做中心的教育是死教育。没有生活做中心的学校是死学校。没有生活做中心的书本是死书本。"学校体育的发展要与社会发展相适应，"学校体育生活化"是人本教育价值的一种合理发展取向。体育知识和技术的掌握是学生能力发展的基础，只有对体育知识和技术进行广泛生活化内涵植入、应用与迁移，才能转化成为能力。社会化及适应能力是学校体育应着力培养学生的一种能力，也是个体人生历程的基本任务，关涉生存与发展的核心问题。青少年通过学校体育项目的学习、交往、实践，在熟练掌握运动项目技能的同时，结合该项目特征，了解项目的人文特点，不仅有利于对该运动的进一步认识，更好地提高运动技能，还能加速自身社会化过程，提高社会适应能力，逐步成为有个性的、成熟的社会成员。学校体育重视生活教育，把体育学习置于社会生活的大背景下，在丰富多彩的生活中，让青少年与社会、自然相融，在体育学习中体验生活，在体验生活中理解知识，感受生命的意义。生活即教育，注重由体育知识教育回归到能力教育，是对人自身的回归、对人生活的回归。因此，学校体育"生活"回归，其实质是回归更好的教育，目的是培养适应社会、适应生活的发展人才。

2. 从知到行：由能力教育回归文化教育，"情感意志"培养是重点

外向性、神经质、宜人性、责任感和开放性这五种基本的人格特质不仅是影响人们思想、情感和行为的原始因素，也是人们适应社会时的基本动力特征和内在核心因素。在学校体育发展的过程中，如果缺失对运动项目的人文教育精神层面的延伸，就可能导致学校体育发展的异化。通常学校体育被认为是一种工具和一种教化，是体质、技艺、达标等词语的概括，体育人文精神与人文价值的丧失，使学校体育的教育过程在某种程度上被定义为一种技术过程。诚然，学校体育教育首先要解决的是学生会与不会的矛盾，在解决了会与不会的矛盾之后，信与不信的矛盾便成为主要矛盾。要解决这一问题，需要把体育的应

有之义、价值、内涵，以及不同运动项目所承载的社会意义传授给学生，通过内在的教化，形成他们的体育价值观，促使终身体育的行为成为一种可能。学校体育中的情感和意志教育注重的是生命体验与关怀，体育知识和技能的学习是青少年理解和培养正确的"情感、态度、价值观"的基础，由能力教育对文化教育的回归，体育人文教育内容应成为学校体育不可或缺的组成部分，它是能力教育向文化教育的一种升级，增强青少年适应行为的认知，影响他们的气质和性格，丰富情感，磨炼意志。在学校体育中，体育知识的认知是基础，是必要；情感和意志是核心，是关键。

3. 教学做合一：由文化教育回归生活教育，"主体"建构是关键

体育人文精神的教育即文化教育是学校体育的思想源泉和动力，其最终目的是实现"生活"的教育。在这一教育过程中，人既是学校教育发展的对象，又是它得以建构的主体，是改造与创造双向价值体的和谐统一。学校体育中，主体的价值建构是对传统体育教育把人作为工具的异化发展提出的质疑，教学做合一，把实践和发展紧密相连，以自尊、自立、自强对自己和社会负责，认为教育是为作为主体的"人"的发展而服务的。在当代，青少年学校体育的学习目的已不再只是对体育的某些项目表面发展形式的感性认识层面，而是由感性到理性的认识升华以及由情感、意志的内化转化为合理现实认知和行动的一种主体发展表现。学校体育由文化教育回归生活教育，实现教学做合一，是以实践为基础，追求人的身心、人与人、人与环境的愉悦，增强其与周围环境发展的融洽度以及解决问题、直面困难的能力特性，在体育教学中，注重对青少年主体性姿态的激发，进而推动他们与社会保持一致自我价值的实现，是学校体育的本真价值内涵所在，也是从教学做的整体观树立青少年在体育学习过程中的实践观、主体观和能动观的一种人本关怀和表现，主体性有利于青少年合理进行角色定位，增强对自我、对他人、对社会的责任感。

二、体育教育培育特殊儿童社会适应性

（一）体育教育培育特殊儿童社会适应性的内涵

体育教学过程对特殊儿童社会适应性培养与提高具有积极意义；体育教育促进特殊教育儿童社会适应能力的有效性，经研究调查的发现，发达地区和欠发达地区存在显著差异；经调查与差异性的对比发现，参与体育教学活动的次数与质量对特殊儿童社会适应能力的影响具有显著的差异。

"特殊儿童教育"是教育的一个重要组成部分，是针对身心发展有缺陷或残疾的少年儿童，即智力、听觉、视觉、肢体、语言、情绪等方面发展障碍的儿童少年的特殊教育。特殊教育学校的"体育教育"是指对在听力、视力、语言、智力、肢体等方面有缺陷者，通过身体练习，以增强体格体质、促进身心健康、帮助缺陷康复、培养个体意志品质和生活自理能力，从而帮助他们融入社会所进行的体育教育活动。特殊儿童这个弱势群体因其生理及心理的原因，难以融入主流社会，国家中长期教育发展规划对特殊教育提出了"注

重潜能开发和缺陷补偿，培养残疾学生积极面对人生、全面融入社会的意识和自尊、自信、自立、自强的精神，加强残疾学生职业技能和就业能力培养"的要求"。在特殊教育学校采取适当的体育教育手段与措施能否在提高特殊儿童运动技能的同时，克服一些悲观、消极、胆小等心理问题，从某种程度上来提高这些特殊儿童的社会适应能力，真正回归社会，在社会上能找到自己的立足之地，这是本课题将要探讨的重要问题。

体育教育教学对培养特殊学生社会适应能力的意义：有助于强化特殊学生的自我行为意识，增强学生自我约束能力；有利于提高特殊学生的创新精神与心理承受能力；有助于缓解特殊学生孤僻、孤独的生活习惯与压力，培养他们的集体荣誉感和社会责任感；提供更多参与和体验的机会，发挥学生自我教育作用，提高独立实践能力；有助于建设良好的特殊教育学校校园体育文化，从而构建和谐的特殊教育学校人文环境。

（二）体育教育培育特殊儿童社会适应性的建议与对策

转变观念，大力发展特殊教育学校体育事业、传播体育理念、利用好体育天然的保健作用，发挥体育运动、体育文化、体育产业的优势，促进特殊儿童群体精神或肢体的康复，健全身心健康，从而推进特殊教育的良性循环，促进特殊教育学校可持续发展。

改善特殊儿童群体的生存环境、社会生活环境、受教育环境，促进特殊儿童群体从生活、学习、就业等方面的全面和谐，推动和谐社会的建设步伐。过度的保护、溺爱等并非是最好的帮助，不断促进康复，培养特殊儿童群体的社会适应性，促进他们自理自立，才有助于个体的健康成长与社会发展。

对特殊教育儿童的教育教学的实施必须遵循教育规律和特殊儿童发展的特点与需要，锻炼符合适当、循序渐进、个体差异、从他们的现实出发进行课程设置、设计课程及教学内容，定制专门的体育教学计划、内容、考核方法等；特殊儿童的教学也要全面，要遵循特殊儿童教育纲领的要求来实施；在特殊儿童体育教学过程中，一定不能忽略学生个体的要求和现实条件，从促进学生全面发展的角度制定实施计划与内容。

构建特殊教育师资培养模式，大力发展特殊教育体育师资教育力量；挖掘残疾儿童的潜能，利用体育教学的价值针对个性特点开发残疾儿童的智力，进而提高社会适应能力。

政府及相关部门要继续拓宽思路，制定相关政策、法规和文件，加大资金投入，支持特殊教育的快速发展，优化课程资源，进而为特殊体育教育教学更好的服务。

将体育教学更好地融入特殊教育的全过程，大力开展体育教育，体现"健康第一"的指导思想；在体育课中加强专门的合作能力与社会适应能力的培养。

国内各级、各类全运会、省运会、市运会能更多地关注特殊群体，充分发挥举办赛事的作用，提供更多参与得机会，促进特殊群体的健康成长。

规范残联和相关部门及特殊教育学校对残疾人运动及相关运动项目的管理和实施，切实为特殊受教育群体提供一个良好的、公平的参与和竞争环境。

三、体育合作教学对增进高职学生社会适应性

社会适应能力就是人应对社会环境等因素变化的一系列反应能力。我国高等职业技术学院致力于培养优秀的、适应社会的应用型人才，体育课程教学在培养学生的社会适应能力方面起到着非常重要的作用，然而高等职业技术学院毕竟也存在着一些应试教育的弊端，使学生在社会环境中无法适应社会的需求从而导致学生自身的发挥受到限制。下面针对这一问题进行深入的分析和讨论并根据具体现象提出解决措施。

（一）高职院校自身的教育特点

在当今社会人才的质量对社会的发展和人类的进步有着决定性的作用，而人才的来源除了应届毕业的大学生们还有高职院校毕业的专业人才，在我国高职院校是培养人才的主要阵地，能够有针对性地为社会输送专业性较强的人才，为社会的发展起到了重要的作用。同时由于高职院校对学生的素质要求不是很高、学生们的年龄跨度比较大等特点问题的存在，在进行高职体育教学的时候要特别注意结合实际情况对教学内容和教学结构进行有针对性的改变，使所有的学生都能够适应教学环境从而增强学生自身的能力，进而为学生步入社会起到了指导性的作用。

（二）高职体育教学培养学生适应能力的必要性

在高职体育教学培养活动中，培养学生对社会的适应能力是社会发展的客观需求，可以显著的提升学生的社会适应能力，从而对高职体育教学人才培养计划贡献出了一分力量。

1. 是社会发展的客观需求

社会经济的发展给高职院校带来机遇的同时也带来了很多挑战。高职院校必须在这场改革发展的洪流之中抓住机遇搞好高职院校学生的理论知识和体育基础，使学生能够在体育活动中逐步适应社会中的各种现象，为了帮助高职院校的学生能够更好地拥有适应社会的能力，高职院校的了领导和教师们必须要意识到培养学生们适应社会能力的重要性，才能从问题的根源上做到学生向积极健康的发展并且能够在当前的环境下适应社会的需求。

2. 社会的适应能力属于高职教育的重要领域

在高职体育教育活动中培养学生对社会的适应能力是一项重要的内容，能够促进学生素质的全面发展。高职院校中的学生只有拥有良好的社会适应能力才能更好地在社会中生存和发展。所以培养学生的社会适应能力已经成为高职教育中的重要领域之一。

因此在高职体育教学活动中也需要根据这一重要目标明确自己的教学方向，充分发挥出体育教学活动的优势所在，对高职院校中的学生进行身体素质的训练保证学生能够以健康的身体素质和乐观的心态融入社会的大环境中去。

3. 体育活动可以显著提升学生社会适应能力

高校学生的社会适应能力需要经过很长时间的锻炼和磨合才能逐渐在体育教学活动中慢慢领悟，并且能够在实践活动中提升学生的凝聚力从而达到提高高职学生适应社会能力

的好处。

（三）利用体育教学培养学生的社会适应能力

从上文当前高职体育教学现状可以看出，培养学生适应社会能力的重要性。

1. 从学生的职业特点出发，安排好体育教学的内容

在高职体育教学的过程中，不应该是死板而单一的照本宣科，教师只教学生理论知识而忽视了学生的心理健康。因此体育教师应该在教学中融入学生有兴趣的知识并结合社会实践内容让学生能够学会社会生活中的能力。并且针对每个学生的职业特点要设置不同的教学内容，这样才能做到让每一个学生都能够适应社会环境的发展。

2. 应用微社会情景提升学生的社会意识

由于高职学校的学生没有接触实际社会的机会和经验，故而在体育教学中教师可以将社会中可能出现的情景引入到体育教学的课堂之中，帮助学生提前了解社会。在课堂中可以让每个学生扮演不同的角色，进行模拟的社会活动。这样可以提升学生的社会技能与体育技能，还能对学生的人际交往能力有很大程度的提升。

3. 磨炼学生的意志，提升社会适应能力

现在很多的高职学生由于大多数都是独生子女的原因，对于心理的承受能力并没有想象中的那么坚强。因此在高职体育教学活动中教师要针对这种情况帮助学生在课堂之中磨炼他们的意志能力，养成坚韧不拔的品格和锲而不舍的良好品质。

4. 以阳光体育为出发点，加强与社会的接轨

从高职体育教学的现状来分析，当前高职体育教学环境不容乐观，学生们每一周的体育课程时间并不够充足，这给适应性教育的开展带来了一定的难度。高职学校可以从阳光体育活动为出发点，为学生制定出标准化锻炼模式，从而形成一种管理层、参与层、执行层、决策层共同参与的局面。

综上所述，高职体育教学只有在不断探索中才能够成长，才能够充分地发挥其在社会适应能力培养中所产生的特殊功效，才能更好地为学生服务。

四、体育运动对大学生社会适应性

《中共中央国务院关于深化教育改革全面推进素质教育的决定》中表明了良好的社会适应能力是我国教育改革所提倡的"素质教育"理念的一项重要内容。在新的《体育与健康课程标准》中明确提出了心理健康目标和社会适应目标。在学校体育教学中培养学生社会适应性的教学目标，具有现实性和时代性。全国亿万学生阳光体育运动的推广给学校体育带来了新的活力，为学校体育进行全面系统的改革提供了良好的契机，为进一步培养大学生的社会适应性创造了条件。

社会适应性是指人与社会的关系，它包括人与人之间的沟通，人对社会的适应等多方面内容，社会适应是每个人都会遇到的问题。大学生社会适应指的是高校大学生在毕业离

开学校走入社会阶段，通过社会互动，努力与社会达到一种和谐状态的一个角色转换过程。它也包含大学生在校学习生活期间的各种适应，并在大学期间找到和社会的衔接点。大学生社会适应能力是大学生在学校和在社会生活中为达到与所处环境的和谐状态而必须具备的一种综合能力。

（一）当前大学生社会适应性存在的问题

1. 社会认知有待提高

走访发现，当前高校大部分学生对自己、对他人、对社会都有较高的认知能力，然而一部分学生对社会认知还有待提高，他们对社会认知的不足表现在：一是认知的单一性。这部分学生对他人的认知，常带有强烈的主观性和偏执性，通常根据自己的兴趣、喜好、情感的标准去评判别人，这使得他们认知依据狭窄，认知内涵肤浅。二是以自我为中心。他们看待问题常以自我认知为标准、以个人价值观为核心、对自我的认知面片、过分自信、忽视自我的社会性。

2. 自主学习能力不强

自主学习能力是受教育者自主独立获取新知识和新技术的能力。问卷调查发现，大部分学生在进入大学学习阶段都能保持中学时期的勤奋、刻苦。但也有部分大学生自主学习能力不强。一是自主学习意识不强，这些学生从小就被父母强迫送进各种才艺班、外语补习班等，进入中学后习惯了由教师牵着走的学习方式，课余时间没有作业、没有习题便无所适从。而进入大学脱离了父母的束缚和管教，课余时间增多，很多大学生不能充分合理地安排课余时间，甚至选择上网、打游戏，荒废了给自己"充电"的机会，导致他们没有形成自主学习的意识。二是学习方法掌握不当，学习目标不明确。有相当一部分大学生，考上大学有一种成就感，课余时间只顾"放松"，或是沉溺于网络游戏而不能自拔。再加上大学的学习生活空闲时间多，压力较小，因此，他们入学时间不长，便开始混日子，产生一种茫然感。

3. 独立生活能力弱化

独立生活能力是指人们在生活中能够自己安排处理日常生活中的琐事。大学生进入大学校园是独立生活的开始，也是集体生活的开始。当前大学生虽然有着较强的独立意识，希望能够自己独立选择学习和生活方式，然而由于第一次离开家、离开父母的呵护，在生活中遇到问题不知如何处理。部分大学生很难适应大学集体生活环境。

4. 抗挫折能力较差

挫折产生有诸多因素，大学生抗挫折能力差表现在对挫折的认知度不够。由于大学生个体之间存在差异，所以对挫折的认知也有所不同。挫折是客观存在的，如何正确地应对挫折是主观的，正确认识挫折有助于发挥挫折的积极作用。目前大学生往往对自己的能力估计过高，而一旦"理想"与"现实"之间出现落差，抗挫折能力较好的大学生会选择通过向老师、朋友倾诉寻求解决办法，而抗挫折能力较差的同学容易失去信心，受到挫折后一蹶不振，有的甚至偏激走极端。

5. 沟通协调能力欠缺

沟通协调是指人们在日常生活工作中妥善处理好各层关系，使其减少摩擦，能够调动各方面积极性。沟通协调主要反映在人际交往能力上，沟通协调能力强，人际交往能力就强，反之就越弱。调查显示，39%的大学生沟通协调能力方面欠缺，38.2%的大学生欠缺承受压力、克服困难的能力，12.6%的大学生缺少相关工作或实习经验，4.8%的大学生认为自己欠缺专业知识和技能。有超过七成以上的学生在沟通协调能力和承受压力克服困难方面感到欠缺，这说明在社会交往能力和抗挫折能力方面需要进一步加强。

6. 社会实践经验不够丰富

大学生参加社会实践的途径主要来自学校的组织，社会实践活动组织的多少直接关系到大学生参加社会实践的机会。从调查来看，69%的学生选择通过学校组织参加社会实践，而目前高校社会实践存在着形式大于内容的现象。大学生社会实践活动流于形式，不单单表现在学生身上，这种现象在个别学校也存在，直接致使大学生出现社会实践经验不足的问题。

（二）阳光体育运动培养大学生社会适应性的重要意义

1. 阳光体育运动能帮助大学生提高探索、创新能力和心理承受力

体育活动有着实践性、技能性、竞争性和规则性等特点，它决定了体育活动更多地表现出不断遭遇障碍和挫折，不断超越自我，不断创新和提高的特色。因此，阳光体育运动对培养学生心理承受能力、探索意识和创新精神也同样有着重要的意义。当前，独生子女在大学生中占的比例相当大，由于家庭环境和社会因素的影响，致使这些独生子女在身心发展方面存在一些不足。当他们在某一环境中遇到障碍或干扰使其动机不能获得满足时，如果处理不当，则会导致人的性格偏离正轨，影响以后的生活和学习。而阳光体育运动的一个显著功效便是克服障碍和挫折。同时体育的实践性、技能性、竞争性和规则性的特点，也决定了体育活动要不断超越自我，要不断创新和提高的特色。因此，阳光体育运动对培养学生探索意识、创新精神和心理承受能力具有重要的意义。

2. 阳光体育运动可以提升大学生的集体荣誉感和社会责任感

阳光体育运动中，学生们会逐步体会到团队意识、合作意识、竞争意识。学生们能在活动过程中正确地认识自我，正确地交友，正确地处理个体与集体之间的关系，增强个体与个体之间的团结友爱、关心支持、鼓励帮助、尊重信任和理解体谅。这对培养学生具有高度的集体荣誉感和社会责任感具有重要意义。

3. 阳光体育运动可以帮助大学生强化规则意识，提高学生的自我调控能力

在体育运动中，规则、裁判、舆论、精神文明规范等有效的教育措施占据着主导地位，在这种教育规范下，学生就不可避免地会受到制度性和社会性的约束。由此，学生的规范意识会逐渐增强，学生将逐步学会在规范的约束中进行体育活动，而这一系列过程是在极

为自然、生动活泼的运动中潜移默化进行的，因此具有良好的效果。在运动场上不仅可以培养良好的体育道德和顽强的意志品质，而且可以培养学生遵守纪律、服从裁判、礼貌待人、顾全大局等好作风。因此，阳光体育运动有助于学生法纪观念的形成，对学生的社会化进程具有重要的意义。

4. 阳光体育运动可以提高大学生的组织管理能力

组织管理能力是指在组织群体活动时，能向一个共同目标奋斗，根据明确的计划，充分发挥每个人的积极性，协调地进行工作，并达到预期目的的能力。阳光体育运动中许多运动项目是集体进行的，集体活动都有一定的组织形式，在体育活动中，既要训练学生在运动中与同伴协调合作，加强纪律观念，又要训练学生学会做体育活动的组织与管理工作。要使学生有组织管理的知识和意识，还必须具备组织管理的能力。同时，尽可能让学生承担校办运动会等各项工作事务。对于系或年级所承办的运动会，可以让学生自己去组织和承担，教师只起指导作用。这样，可以提高学生组织与管理的能力，进而使他们能更快地适应未来工作的需要。

（三）构建阳光体育运动长效机制的措施

1. 完善学校体育的规章制度，建立有效的监督管理机制

当前全国正在大力开展和推广阳光体育运动，各高校开展的效果如何，有没有达到应有的目的？首要的工作是要建立一套行之有效的监控管理机制，认真落实"健康第一"的指导思想。阳光体育运动要以全面实施《体育与健康课程标准》为基础，对先进单位和个人要给予奖励。落实学校体育的各项政策法规，从确保每天体育锻炼一小时入手，建立健全学校体育的工作机制。各级教育行政部门要开展对学校体育的专项督导制度，增加学生体质健康状况在学校评估体系中的权重，表现较好的单位要给予宣传和奖励。其次要广泛开展群众性青少年体育活动和竞赛，全面加强学校体育各项工作的管理和监督，用科学的管理制度保证学生得到充足的锻炼。

2. 以实施《国家学生体质健康标准》为目标，努力提高学生的体质健康水平

随着阳光体育运动的广泛深入开展，逐渐凸显出学生的课外体育锻炼缺乏针对性、目的性，学生不能依据自身情况制定适合自己的运动方案等问题。体质健康测试可以使大学生能够及时了解自己的体质健康水平，明确自己的锻炼方向，并随时调整运动处方，从中获得锻炼的成就感和乐趣，养成良好的锻炼习惯，从而达到阳光体育运动的目标。各高校要严格落实《国家学生体质健康标准》，力争使85%以上的学生达到《学生体质健康标准》及格以上等级。开展阳光体育运动与大学生体质健康测试工作是相辅相成的，要通过全面开展阳光体育运动来不断提高大学生的体质健康水平，不断提高测试及格率。

3. 加强体育教师的课外指导力度，营造良好的体育锻炼氛围

高校要制定切实可行的活动计划，在完成正常体育教学的同时，充分发挥学生的积极主动性，加强以人为本的思想，切实做好学生的思想工作，培养学生的体育兴趣和情感，

提高学生对体育锻炼的认识，使学生形成正确的体育价值观，从而改善学生体育锻炼的态度，乐于接受体育教育，并能主动地养成经常参加体育锻炼的习惯。同时要积极组织体育教师参与指导学生的课外体育活动，在工作量上给予积极鼓励。通过丰富多彩、形式各异的体育活动来进一步丰富学生的课外体育活动，进而吸引更多的大学生参与到体育锻炼中来。

4.科学设计，开展有特色的阳光体育活动

组织学生开展阳光体育运动是学校教育的一项经常性、长期性的工作，要根据国家教育部阳光体育运动实施的总体要求，结合实际，实事求是地制定实施方案，并在实践中不断提高和完善，形成特色。首都高校应充分利用大学生接触各项赛事机会多的优势，不断开展学生喜爱的新兴项目，采用不同的方法和组织形式，调动参与主体的自觉意识，让他们从现实需要出发，从而积极主动地参加阳光体育运动。

第三章 中西体育文化的比较

第一节 中西体育文化的特征

社会主义现代化体育文化是发展和创造先进文化的重要内容。先进文化的诞生，离不开传统文化的丰厚积淀。对传统文化中适应时代发展需要的同质性部分，应积极地继承。对于传统文化中与现时代异质的部分，既不能全盘继承，也不能简单抛弃，应该通过清理和批判的继承，赋予它们新的生命力。体育文化是社会文化的重要组成部分，其文化特质决定其必然要受到体育传统的制约与影响。传统是通过反复认可形成的产物。体育在对传统进行复制的同时，也形成了自身的传统——即体育传统。它指的是体育发展过程中积淀的、对当今体育影响至深的思想和行为。它是一种过去的形态，又与现实的体育过程紧密相关。要推进社会主义体育文化的发展与创新，则就有必要对中西体育传统进行深入的探讨。

一、中国体育传统的价值特征

在中国体育的发展过程中，儒家、道家和墨家都对此有过重要的论述。儒家主张兼重身心的教育，孔子教学内容中的礼、乐、射、御具有体育的性质，并提出"乐教"和学习应与"游于艺"相结合的思想。孟子提出"劳其筋骨"的思想，明显包含身体锻炼的因素。而墨子主张兼爱尚贤，称颂"强力"而否定"命"，主张身体力行。老子则主张"天人合一""自然和谐"和"清静无为"。在诸子的思想基础上发展起来的我国古代养生学，集中体现了我国体育传统的思想特点。

（一）强调体育的社会价值

强调人的社会义务与责任，以社会制约个人，强调人对社会的服从，是中国传统文化的最大特色。主张教育须兼重身心的儒家思想，其教育理念是培养能修身养性，齐家治国平天下的人才。孔子在其教育活动中十分强调休闲娱乐的教育功能，提出"乐教"，主张选择有利于完成个人道德修养的活动方式。孔子对养生学躬亲履行，同时还将养生之道贯彻于教育活动之中，将健身养心归结为"移风易俗，天下皆宁"。由于儒家正统思想维护等级名分制度，将其看成是立家治国的根本。因此，其身心教育是以礼为中心的。

而儒家思想显然排斥仅以满足身心欢娱为目的的活动，将蹴鞠视为费力劳体，不合"君子勤礼，小人尽力"的古训。提倡重文轻武，去武行文，费力尚德，主张使用合于礼的"雅戏"，后世许多对休闲娱乐活动的偏见即滋生于此。由于儒家思想代表的是官方的正统思想，反映出我国传统体育的基本价值取向与观念。这也是中国教育传统中"轻体"的历史原因。

（二）强调体育的伦理价值

中国的传统社会是一个注重伦理道德的社会。人的言行严格地受传统价值的制约，衡量行为的好坏与否均使用道德标准。传统文化中把人的价值归结为道德价值，把道德上的成就看作人生最有价值的成就。中国体育传统也以体育伦理为价值取向。在传统体育中，竞争与胜负占据次要地位。修身养性和追求精神境界的完美被放在首要地位。例如，武术的发展追求技艺精湛，艺德高尚，而非以打败对手为目的。注重以武会友，相互提高，展示技能，惩恶扬善。即使在以健康长寿为目的的养生学中，也强调精神情感，讲究养心，养神，养性，养德，而忽略人的肢体运动。在武术、气功、棋类等传统项目中，流派、门派种类繁多，讲究的是正宗嫡传。掌握某种技能，就必须接受并遵循其道德价值规范。这种封闭体系的特点使每一个门派都形成一种"家"的组织方式。在技艺的传授过程中，形成人与人之间以孝悌观为核心的伦理关系。

儒家思想用礼乐观指导规范休闲娱乐活动，强调重功利轻嬉戏。一方面强调修己，在道德方面塑造自己；另一方面则强调治人，要求能"便于四方""见危授命"，在政治上谋进取，即学而优则仕。唐初，武则天于公元702年设置了"武科举"，开始把将校的选拔纳入科举轨道。武举的创立对社会习武风气影响深刻，而推动了军事体育活动的发展与尚武风气的形成。然而，健身习武的目的是入官入仕，跻身于上层社会，而非为个人强身健体。

（三）健康养生与娱乐休闲两种价值并存

体育是文化的重要组成部分，一个社会的主流文化对该社会的体育价值观及内容体系的形成起着主导作用。在儒家思想的影响下，我国传统上形成了以健康长寿为目的的养生活动和以娱乐为目的的休闲活动两大体系。由于中国传统文化强调"存天理，灭人欲"，重文轻武，重德轻技，重群体价值，轻个人需要。因此，追求健康长寿的养生学理论和实践在赢得正统文化的认可和支持下，得到了充分发展。中国的养生学理论和实践非常丰富，其中的一些理论和观点颇具科学意义。如，"阴阳平衡"的原理，用"性动"与"智用"两个概念来划分和代表人的生理需求与心理需求："寿夭之来，在于善求"之中隐喻着主动求索健康长寿的精神；还有强调建立适应社会环境和自然的生活方式等等。这些都是值得我们今天借鉴的宝贵的文化遗产。然而，养生的实践又呈现出极为保守的一面。它虽然强调动静结合，实际上是以静为主，通过调气、调息来达到养心、养神、养身的目的。这种养生形式符合儒家传统文化中"克己"的需求。即要求人们在道德上严格要求自己，在政治上取守势，做到"清心寡欲"，将修身与修德统一起来，但却忽略了积极的肢体运动。

休闲娱乐活动体系主要由两部分组成：一是宫廷娱乐活动，二是民间娱乐活动。这两种娱乐活动体系的内容均十分丰富。然而因和主流文化相抵触，一直没有成为主流文化的组成部分。在人们的观念中，这些活动具有观赏和审美价值，只能将其视作观赏的对象，却从没有获得过真正的社会地位。例如，蹴鞠是起源于我国古代的一种足球游戏，最早记载于《战国策》中，从起初的竞技游戏逐渐演变成技巧化的表演活动。"技巧化"倾向使其很难在民众中普及。而百戏的发展演变则是体现中国体育传统特点的另一个实例。百戏的内容丰富多彩，包括：歌舞、奏乐、杂技、幻术、角力、武术等。百戏由先秦时的"讲武之礼"发展而来，其中的许多内容为竞赛活动，比赛按一定规则进行。后来"讲武之礼"的性质发生了变化，被统一到特定的表演形式之中。百戏的"戏"字就意味着这一娱乐形式具有的特征是观赏。它不是用来作为人体发展的手段，也不明确带有发展人体的目的。该特征极大阻碍了人们选择运动的意向，表现出轻视身体运动的社会价值观。

由于中国体育传统十分重视体育伦理和社会价值，促使得以个人为基础进行的竞争无法在传统体育中得到发展。养生学的实践受社会文化制约。娱乐休闲受到社会主体文化的排斥。因此，对教育、娱乐、养生、军事训练等现象之间的联系缺乏系统的整合，从而难以形成体育发展的社会文化环境。

二、西方体育传统的价值特征

西方主要指欧美大陆一些发达国家。西方体育传统主要源于古希腊，古罗马以及欧洲文艺复兴后形成的体育思想观念，经过法国资产阶级思想启蒙运动和 20 世纪初实用主义思潮渗透之后确定下来。

（一）重个性独立，强调体育的个人价值

西方的文化传统以个人为本位，注重个人的权利和自由，重视个性的培养。在教育过程中，受教育者通常被置于突出地位。而体育作为促进人的发展的重要手段，在内容与形式上充分体现了西方的文化传统，表现出满足个体需要，注重个性独立的特征。

西方体育传统之所以重个性独立，强调体育的个人价值，是受西方文化中突显的个人本位特点所致。西方的私有制是深入到家庭内部的，父子、兄弟乃至夫妻均各占有私有财产，家庭的每一个成员都有其独立性。法律关系、权利关系成为家庭成员间最主要的关系，这就为以个人为本位文化的产生与发展提供了条件。捷克的伟大教育家夸美纽斯提出了重视人的现世生活，关心人的健康和幸福的主张。认为"健康的心理存在于一个健康的身体里面"，应通过体育活动"使身体活动而让心灵休息"。意大利人文主义者位力多诺则在孟都亚创造了名为"快乐之家"的贵族学校。根据学校规定，学生必须参加包括跳跃、击剑、射箭、骑马、赛马、赛跑、角力、游泳以及球类游戏在内的各种体育活动，引导青年追求身心并重的发展目标。

（二）注重竞争，突出人的体能

西方文化中孕育着西方体育的竞争性特征。从古代奥运会到现代奥运会，竞争始终是其主旋律。这其中隐含着西方文化中对物质的占有，对自然的征服以至对人体力量崇拜的特质。古代希腊的文明孕育于城市的围墙之中，必须从里向外掠夺其所需，才能生存。而掠夺和征服的欲望，领先的渴望，积极进取的精神，独立性和创造性的性格显示，展示力量的强壮体魄，都将在体育运动过程中得到实现和满足。这些特点成为西方体育传统的起点，而竞技体育的高度发展则印证了西方体育注重竞争的文化特征。

在取得体育竞争优势的过程中，给人产生的最直接印象是人的强健体魄。因此，西方体育的基本功能是培养具有超凡的力量、速度和耐力的人的体能。文艺复兴以后，资产阶级的"文化革命"确立了以人为本的体育价值观，促使西方体育的竞争性和人的体能发展的特征得以进一步强化。随着资本主义生产方式的确立，社会化大生产对劳动力的需求产生了变化。为了培养体魄健全的青少年，在法国人皮埃尔·德·顾拜旦倡导下重建奥运会，提出"更快、更高、更强"的现代奥运精神，更进一步深化了西方体育的竞争性和人的体能发展的文化内涵。从而基本形成了西方体育重竞争、突出人的体能的传统。

（三）重视体育的科学性和系统性

科学思想、科学方法、科学精神是西方传统文化中的又一重要特征。西方的传统文化用理性客观地对待事物，强调对事物的观察、分析，并力图把事物安排成一个有序的整体。这一思想方法使得西方科学得以迅速发展。科学水平的提升和科学思想的普及形成了良好的人文环境，为西方体育的发展及体系化奠定了基础，并为它的深入发展提供了动力。相对孤立发展的各类体育活动，在理论指导下形成了有机的整体，成为不依附其他社会活动的、具有独立形态和独立价值的人类特殊的实践活动。形成一个理论和实践兼具的、完整的逻辑体系。

在文艺复兴时期，近代西方体育的奠基者就开始透过医学、教育学的视角来观察体育。18世纪以后，科学的发展，尤其是实验医学的深入和牛顿力学的影响，令运动力学、运动医学、运动生理学、运动人体测量及与体育相关的心理学、社会学、经济学研究等学科相继产生。

西方体育中重科学和学科体系建立，重以各类科学研究成果为基础的特点，对体育的发展具有持久的影响。

由此可见，中国体育传统中重德、重心、重内的特征与西方体育传统中重身、重外、重行为的特征结合，中国体育传统中重生活方式、重内外要素协调的特征和西方体育传统重科学性、系统性的特征结合，以及中国体育传统中重合作和西方体育传统中重竞争特征的结合，为我们发展创新体育文化提供了多方位思考的角度。

第二节 中西体育文化的差异

民族文化是历史文化的产物，作为社会文化组成部分的体育文化，其发展深受政治、经济、制度等因素的影响。中西体育文化均是世界体育文化的奇葩，然而它们分别属于不同的世界文明体系，形成过程与特征有着明显的差异。本节试图以客观务实的态度对中西方体育文化差异进行分析，以期为体育文化的发展尽一点绵薄之力。

体育是源于人类的生活和生产实践，在文化的给养中发展。文化的不同造就了体育的不同。体育具有多方面的功能，能够满足个体和社会的发展要求。随着人类的不断探索和社会的进步，对体育提出了更高的要求。从文化的角度去审视东西方体育的差异，能够更清晰地辨别文化的不同，不仅有利于清晰地辨别两者的差异，而且有利于对体育文化进行定量分析。从而使我们更好地比较和借鉴优秀的文化，积极地吸收西方文化的精华，为我国文化和体育的进一步发展奠定理论基础。

通过查阅各种文献资料就有 200 多余种解释。文化是一种彰显国家软实力的符号象征，它体现着一个国家在文化方面的成就和在世界范围内的影响力，其重要性不言而喻。文化是人类所创造的精神财富和物质财富的总和，是人类社会环境存在和发展的重要条件。由于地理环境条件、历史发展和人类思维方式等各方面的不同而形成了东西方不同的文化。体育文化作为文化的分支，亦是如此。东西方在自然观、思维方式、发展观、人生价值、民族性格等各方面都存在着明显的差异，使得中西体育文化在自然地理环境，历史发展，人文价值取向等各方面都存在着明显的差异。文化的不同造就了体育的不同。它是抽象出来的概念，是一个区域在长期的文化传承中积淀下来的在知识、信仰、艺术、道德、法律、习惯等领域中形成的、不同于其他地区的独特形态，包括：物质文明及其态度、精神文明及其价值论、政治文明及其方法论。

一、中西体育文化的特征对比

（一）中国传统体育文化的特征

中国传统文化是典型的农耕文化，它有着重精神轻物质、重集体轻个人、重和谐轻竞争的文化特征，讲求的是个人的精神追求而非物质需求，因而有着明显的保守性与传统特质。这种民族文化深深影响了中国传统体育文化。如，中国体育文化有中和、中庸、注重养生的特点，具有内向性、兼容性与辩证性的特性。

（二）西方体育文化的特征

西方体育文化源于古希腊文化，它是西方文化的重要组成部分，是典型的竞技文化，其核心特征是竞争，强调竞争公平、规则明确、评价客观准确等，包含着积极进取的文化特质。同时，西方体育文化与资本主义制度有着密切的联系，它是一种以市场竞争与工业生产为基础的竞技文化，并随着资本主义的扩张而传播到了世界各地。

二、中西体育文化差异的具体表现

（一）求真与务实

中西方有着不同的思维观念，中国人注重务实，而西方人注重求真。从轴心时代开始，西方文化就偏重于知性思维，有着明显的求真取向，这种文化精神反映在体育文化上就是注重自由、公平、竞争、规则等，追求挑战与超越自我的极限。在运动中注重用解剖学与生理学知识解剖人体组成，用理性的方式来发展人的体能。中国体育文化比较注重人的内在精神修养，崇尚自然、注重养生，从而将追求健康作为终极目标。

中国传统思维方式是一种整体思维，注重对运动员进行整体的评价，其比赛成绩、赛场表现只是一方面，个人的努力程度、人际关系状况、训练中的表现等都会影响到人们对他的评价。而西方体育更注重定量分析，习惯于对问题进行分析，尽量用数据与事实说话。例如在篮球比赛中，人们关注的是命中率与篮板数，而这些又常常是评价篮球运动员、制订训练计划的基本依据。在制定目标时，西方强调将目标细化、具体化、量化、节点化。

由此可以看出，东西方体育文化存在着较大的差异，中国人更注重对事物进行整体判断与把握，强调定调、定性，注重精神追求。例如，武术比赛，人们关注的是运动中的精、气、神，而足球比赛则关注的是射门、速度等量化的指标。西方体育文化关注的是体育运动的结果，而中国传统体育文化关注的是整个体育运动的过程，包含结果与动机。

（二）伦理与制度

在人性问题上，中西方存在很大的差异。中国人多信奉人性本善，注重道德伦理对人的教化；西方多信奉人性本恶，强调法治对人的行为的规范。这些认识上的差异也深刻影响了体育文化的发展，例如，西方体育文化注重制度建设，将平等、竞争、对抗、求新等作为体育运动的原则，在赛场上关注的是个人的实力与发挥，而不是地位与权贵，制度远远高于人情与道德。在中国，儒家思想一直占据统治地位，而"仁""义""礼""信"等是儒家思想的核心，而这种观念影响了传统体育的发展，以武术为例，其终极目标不是战胜对手，而是想"不战而屈人之兵"，通过技巧的训练达到道德的提高。

中国传统体育文化深受儒家思想的影响，比较注重群体关系的和谐。在体育作品《蹴鞠图谱》中，就以儒家的"仁、义、礼、智、信"为基础提出了"和气、礼法、团结"的体育运动原则，强调对礼法的遵循，这无疑弱化了中国传统体育的竞争性，强化了表演性。西方体育文化深受民主、公平、竞争等现代理念的影响，强调对个人潜能的发挥、个人利益的追求。个人主义是西方文化的核心，体现在体育比赛中就是强调通过个人的努力与拼搏，取得成功，获取荣誉。

东方农业文化孕育出了以养生为主的柔性文化，而发源于古希腊的竞技体育则代表的是一种商业文化，是一种以竞争和超越为主的刚性文化。例如，中国的太极拳、气功等都是静态的体育文化；西方体育文化则强调的是在公平基础上的竞争，强调超越对手、超越自我，奥运会提倡的"更快、更高、更强"就是体育文化精神的典型代表。中国传统体育文化源于儒家的礼乐精神，有着尊重传统、重视过去的文化特点；而西方体育文化是在资本主义文化中成长起来的，有着明显的功利性，强调对过去的超越。

（三）和合与分别

钱穆先生认为，中国重和合，西方重分别。可以说和合是中华文化的精髓，这种思想理念体现在体育运动中就是强调整体思维与和谐，有着整体性、直接性、非逻辑性的特征。在体育训练中强调的是"物我两忘"的境界，培养出人的"浩然之气"，这种体育的目的在于锻炼改善人体内环境，从而提高人体机能。

西方世界观是一种典型的二元论，认为精神与物质、人与自然、主观与客观之间有着泾渭分明的界限，而且它们之间是并存的、对立的。这种思想体现在体育文化中就是以理性思维为指导，以人体解剖学为基础，通过科学的体育训练改善人体的生理机能，进而达到强健骨骼、增强体能的目的。

中国人崇尚"圆"，注重灵活与变通，讲究能屈能伸，为人圆滑融通，有着内敛、含蓄、谨慎、低调的特点。这种思想文化反映在体育文化上就是注重内修，如，太极拳就将"圆"作为对事物发展的终极认识。西方文化崇尚"方"，讲究原则性，强调按规章、章法办事，重视程序化、规范化、流程化等。在体育运动中，强调用理性的态度达到战胜与超越的目的。

三、中西体育文化差异的原因分析

（一）体育文化产生的背景不同

首先是地理环境的不同。人类文化的差异主要表现为地域性与民族性的差异，不同的地理环境会产生不同的地域文化。中国处于一个近似封闭的地理环境之中，周围或是高山、沙漠，或是大海，无法与邻邦进行经济文化上的交流，但是中国有着得天独厚的农耕条件，人们无须抗争就可以过上自足的生活，因而人与自然保持着一种亲密的联系。这也使中华民族养成了温顺、内向、知足的性格，这种文化心态反映在体育运动上就是注重娱乐、养生，不求胜负与冒险。如拔河、围棋等娱乐性的体育形态就能得到广泛的流传。西方文化发源于土壤贫瘠、气候多变的希腊半岛，为了生存人们不得不与海为伴、与海搏斗较量，从而养成了外向、开放、自由的民族性格，勇于冒险、敢于开拓、自强不息的民族精神，这使得击剑、拳击、田径等竞技性体育运动在西方广泛流传。

中国体育文化是从农业文化中繁衍出来的，农业文化注重模仿，强调经验积累与实干精神，这也导致了人们缺少竞争、创新与冒险精神，这种生活方式深刻地影响了中国体育运动的发展。例如乒乓球、羽毛球、体操等表演性、技巧性的项目在中国广泛流传，而竞技性的、冒险性的运动并没有得到普及。西方体育文化是建立在工业文明的基础上的，充满冒险与开拓精神，注重参与和竞争，但是也带来了一些新的危机，如，兴奋剂事件、赌博与吸毒现象等。

（二）体育的思想基础不同

中国体育是以人文科学为基础的，"天人合一""阴阳平衡"等理念深深地影响了中国体育文化，并为中国传统体育的发展提供了理论支撑，人们强调通过体育锻炼来达到修身养性，实现养生祛病、健康长寿的目的。中国文化多从感性经验出发，以直观体验与整体形象思维把握现实生活。

实证与分析的思想达到了进一步的发展，逻辑思维与实证思维成了西方人的主要思维方式，这种思维方式影响了西方体育的发展，如，赛跑、跳远、掷铁饼等体育项目就是根据生理学与解剖学理论建构起来的。西方体育是以解剖学、生理学等自然科学为基础的，人们常常喜欢参与短跑、跳高、铁饼等用数理测定运动成绩的体育项目。

四、中西体育文化差异

（一）社会制度与历史传统的差异

社会政治经济制度深刻地影响着社会文化的发展，因而东西方制度的差异也导致了东西方体育文化的差异。我国实行的是"中央统一领导与地方自主相结合"的单一制国家，民主集中制是我国重要的政治制度，然而在操作中却是强调集中而忽略民主，这种过分强调秩序与整体的思想深刻影响着传统体育的发展。西方文明源于古希腊文明，古希腊时期并没有统一的王国，都是由独立的城邦组成的联邦制国家，这种社会结构决定了其政治制度的多元性与分权制，不像中国传统社会一样有着森严的等级制度，这种制度有利于西方形成民主、自由、平等的人权意识，因而在西方体育运动中常常将人的主体意识、个体精神等放在首位。

我国有数千年的封建专制统治，这种传统深刻影响了我国文化的发展，使中国传统体育活动的开展必须以"礼""德"等伦理道德为标准，显示了权威对个性的压抑，这正好与现代体育精神相违背。

造成中西文化差异的原因是多方面的，任何民族文化的形成必定与其历史文化具有密切的联系，都是其历史文化的产物。不同的民族文化孕育出的体育思想也会存在差异，因而，中西体育才会表现出不同的形式。在全球化的态势下，各种文化蜂拥而至，为我国传统体育的发展带来了新的机遇与挑战。在这种背景下探讨中西方体育文化的差异，有助于弘扬与发展我国传统体育文化，繁荣我国的体育事业。同时，只有不断吐故纳新，不断与异种文化进行交流，才能不断为民族文化的发展融入新鲜血液，使之屹立于世界民族之林。

（二）中西方体育文化在自然地理环境的差异

由于自然地理环境的影响，中西方形成各自独立的文化体系。从中国的地理环境来看，东部是大海、西北荒芜沙漠，西南耸立着青藏高原，内部有大河流淌，土地肥沃，气候温暖。在中国这些自然条件为中国的农业的发展奠定了良好的基础，形成了独立的农业文化，自给自足的环境同时阻碍了对外交流。在这种开阔又相对封闭的大地上生存的人们，经济能自给自足，生活相对安定，社会心理上要求社会稳定、人际关系和谐。在这种自然发展下，中国人的发展观和思维方式具体封闭的特点。

与此相反的西方文化发源于地中海地区，该地区主要由岛屿构成。这些岛屿，夏季少雨，土地贫瘠，农业不像东方大河流域那么发达，经济不能自给自足。因而，古希腊发展商业、航海与贸易来缓解人口压力和资源枯竭的威胁，进而生成了商品经济之上的西方开放式的文化体系、向外型的民族性格以及崇尚个人主义的社会心理。在这种模式下，古希腊人富于冒险、外向自信、崇尚独立、锐意进取。西方体育的这些文化特点，强调身体的外部运动，强调突破身体极限，进而达到最佳运动成绩。追求战胜自然、他人，崇尚竞争、对抗、冒险和刺激。通过与自然与他人较量，去超越对手，超越自然障碍来实现自身价值。因此，体育一直向当前发展的，不断完善，更加具有对抗性。体育文化与文化的其他领域一样，也可以反映一个国家，民族的历史发展阶段，并规范人们的行为，而且也影响人的价值观念。

（三）中西方体育文化在发展历史方面的差异

自然界是相互联系、不可分割的整体。"阴阳"学说体现在中国传统哲学领域的辩证思想，是对世界普遍存在的矛盾现象的辩证论述，包含阴阳对立、阴阳互根、阴阳互换等几方面。在人与自然关系方面，无论是"五行"还是"阴阳"之说，都强调了天地一体、天人合一的自然价值观。古代中国人认为人与自然是统一的、不可分的，主张的是"道法自然"，强调尊重"天意"。

古代人们对宇宙的认识就有"五行"和"阴阳"的说法。"五行"认为金、木、水、火、土五个元素是构成世界万物的五个基本元素。它们之间相互融合、相互渗透形成物质"气"，而他们形成了世界万物。相反地，以古希腊为历史源头的西方文化认为天地万物都是分立的、不连续的，都是独立存在的个体。它强调"天人对立"，主张去认识、征服和改造自然界。在对待人与自然的关系方面，主张天人相分。主张人和自然是"自我"和"非我"，人应该去战胜自然。这种"天人相分"的思维模式，为西方文明的发展奠定了思想基础，成为西方文化发展的一条主线。这些思想反映到体育上，从而造就了中西方体育形式、理论体系的不同。西方体育理论是建立在力学、解剖和生理学基础上。

在体育形式上，东方传统体育多是动作悠缓、精神安逸的形式。这和中国文化背景是相一致的，是宇宙观的自然体现。具有代表性的中国的传统体育如养生术、气功、太极拳等中都充满着"天人合一""阴阳之道"的思想，强调人与自然、动作的内部结构和谐统一。与此相反，西方体育多采用动作剧烈，神经兴奋的运动形式。在健身理念方面，我国古代的哲学家认为人是由"气"组成的，存在着"阴"和"阳"两种状态。要求"气"要充盈，而且阴阳平衡。阴阳和（相对平衡）则寿，阴阳离（相对不平衡）则夭。崔晓宇等认为中西体育文化由冲突、保持、借鉴吸收到共同发展，在这个由低级到高级发展的过程中，中国传统体育能够依然保持着自身的相对独立性，这本就是为世界体育文化的繁荣做出了莫大的贡献。

（四）中西方体育文化在人文价值取向的差异

从文化的角度讲，西方体育滋生于基督教文化，带有浓郁的批判性；中国传统体育则更多的受佛教、道教文化的影响，带有明显的内敛性。两个不同历史文化背景下的文化体系，造就了东西体育的两大基本范畴，使其形成了各自为伍的形式规则与美学差异，体现着各自的文化含义。君子之为之也，确然不动其心，俨然不改其容，未得之而不慑，既得之而不骄；小人之为之也，俯身伸臂，挟巧取奇，苟得而无愧，岂非观人之道欤！由是言之，圣人取以为礼，宜矣！"

（五）中西方体育文化在传统观念的差异

中国在体育指导思想中渗透着儒家仁爱、调和、大同和严格的等级观念，而且还进一步将体育纳入道德教育之中，把体育视作一种培养人遵从礼仪、维持情操的手段和体现"德""礼"的方式。中国文化高度重视伦理规范与道德教化，进而形成了以"重德""明礼"为主的伦理型文化。礼仪文化渗透于中国社会生活的各个领域，自然也体现在中国体育运动之中。因此，中国传统体育竞赛的目的不是为了创造新的成绩，争取更大的胜利，而在于通过比赛来增进友谊，遵从礼的规范，实现道德的升华。比如：中国文化中包含的宽容、谦虚、忠诚等内涵在武术中得到了充分体现，习武之人均强调"德艺双修""习武先习德"。在"重德讲礼"价值观的影响下，人们逐步形成了过分内向、含蓄，习惯于忍让、依赖的性格，缺乏对抗与竞争，这在一定程度上压抑了竞技运动的竞赛性。

中国古代对待竞技的胜负也持有顺其自然的态度。体育锻炼是个人的事，通过自我锻炼、自我修养去达到人格的完善和精神的愉悦。不求外力，不用与别人较量来实现自己的目的。因而，体育是朝向平稳的、缓慢的、缺乏竞争性的个人模式发展。思维方式上，与中国文化相一致中国体育也有重"道"求"稳"的特点。从事体育活动目的在于健身、防病、延年益寿和内在精神的培养。排斥竞争、对抗，不求最佳成绩。在"道法自然""天人合一"的理念指导下，追求内心的修养，与自然相和谐，按"道"去行动。

（六）中西体育文化在体育思维方式的差异

古代奥林匹克尽管是建立在对古希腊诸神崇拜与祭祀的基础之上，然而古希腊的神与人同一的，是人化的神，人们在对神崇拜的同时更注重于对神的超越与突破，注重体格的健壮，形体的健美，体现人的创造能力与主动精神。现代奥林匹克是在对古代奥林匹克的不断挖掘与发现中展示出来的，它不但体现了古代奥林匹克的精神内涵，同时也充分体现奥林匹克精神对现代社会的实效性，体现体育对于社会的教育价值。中国则长期处于稳定的农业文化形态，缺乏自然实证科学的社会基础，中国文化的理性思辨只是停留在直观的理论思辨层面，强调和谐与统一，而缺少与实践相关的实证分析研究。

东西方体育文化的互融与整合是世界体育文化发展的必然趋势。中西方体育文化在不同的社会文化层面存在着许许多多的差异，这也是长期的历史大战的自然选择。文化多样化问题是全球化进程中的普遍问题，东西方体育文化的融合，可能实现真正意义上的文化多元化。因此，东西方体育文化的互融与整合是世界体育文化发展的必然趋势，只有用开放的眼光看待西方文化与东方文化的差异性，善用异种文化的特质弥补竞技体育发展中的异化现象，促使得不同文化之间互补，才能为世界体育的健康发展提供新的动力。

以西方竞技体育为代表的西方文化，在经济、军事等方面的携带下席卷全球，充分展示了以自由、平等为内涵的文化魅力。但是西方体育文化与我国传统体育文化一样难免会出现各种弊端。其人们在不断利用先进技术提高人类成绩、不断超越的同时，显露出违背人类自身发展的弱点。暴力事件、兴奋剂的使用、赛场作弊等等几乎成为现代体育赛场的另一主角。这类事件严重影响了体育的健康发展，如果没有新的文化元素对这些因素进行抵制，任其发展甚至会成为体育自身的毒瘤。此外，奥运会标准或价值的单一化、奢侈化的趋势，使得奥运会外在规模与内在价值呈现不平衡的发展态势引起有识之士的关注。国际奥委会主席罗格在上任伊始就提出：奥林匹克的格言是更快、更高、更强。当然我们要保留这个格言，但是在新世纪来临的时候，或许对体育来讲需要新的格言，那就是更人性、更干净、更团结。"东西方体育在文化特质上有着显著差异，不同的历史发展过程与地域差异造成了不同的文化传统。

代表西方文化的竞技体育在异种文化面前表现迥异：同种文化会得到很好的接纳，并使之得到良好发展；当兼容性强的异种文化与竞技体育文化融合时，竞技体育会得到更快的发展；当保守的异种文化与竞技体育发生冲击时，各种文化交融的不适会抑制竞技体育的发展。世界文化发展趋势是多样化的融合，任何文化的发展都遵循发生、发展、繁荣、衰退、消亡的自然规律。只有不断吐故纳新，同异种文化相互交融、补充新鲜血液，才能长青于世界文化之林。

第三节　中西方体育文化差异的原因与融合研究

西方发达国家通过工业革命的发展，在科、教、文、卫方面处于世界领先地位，在体育发展方面也尤为突出，目前占据着主导地位。相比之下，作为发展中国家的中国，体育事业发展相对滞后，但中国的体育也有其自身的独特性，它的精神内涵，对当代社会的进步具有积极的推动作用，这些特性是西方体育无法替代的。因此，认真总结中国体育和西方体育文化之间的差异，既有利于中国体育的发展，有利于中国体育走向世界。

一、中西方体育文化差异的表现

（一）球迷文化的差异"内敛"和"狂热"

传统意义上的西方文化是外化的，受这种文化的影响西方球迷的表现更为张扬。西方人的感情需要外露的宣泄，当他们看到的结果与自己的愿望相背离时，有时会采取一些极端的手段。与西方球迷不同，中国球迷则相对内敛。即使是在足球比赛这样火爆的现场，中国球迷也相对沉稳，在现场或者球迷组织者的指引下呐喊加油。

（二）体育传媒的差异"严谨"和"随意"

首先，西方传媒对于体育赛事的关注更为细致。西方的体育传媒不仅局限于赛事结果的报道，同时还会留意赛场内外的其他新闻。而中国媒体更加严谨，对比赛的结果，战局的分析会有很详尽的报道。

其次，中国体育传媒在表述自己的观点时会尽量做到客观公正，通常不会把个人的倾向性带到评论中来。西方媒体则更愿意表达出个人的见解，无论是赞扬还是批评都一针见血，不会拐弯抹角。

（三）审美情趣不同：人文性与健身性

体育在中国古代的作用不仅是强身健体，还要寄托很多人文的精神。与之相反，西方体育受古希腊和罗马神话的影响，西方人对于"力"和"美"的追求十分执着。西方体育追求"更快、更离、更强"的理念，追求对抗和竞争。

（四）追求目标不同：内化性与竞技性

中国传统体育的内化性强，西方体育的竞技性更强。内化指参与者关注的是自己的体会和感悟，并不过分强调胜负。而西方的体育竞技性特别突出，因为西方体育项目在规则并不完备的巧始阶段，失败就意味着死亡，送一特性一直延续到了现在。

（五）运动员培养模式不同：专业化与职业化

让适龄儿童直接进入对口的体校，通过比赛让适龄运动员进入更高水平的运动队。这些运动员日常训练全部由国家或者当地政府出资资助。西方运动员可自主决定自己的运动生涯和参赛计划，从而通过比赛提升自己的知名度和影响力，可与一些企业合作进行代言。目前中国知名运动员的赞助合约仍然不能自主选择。

二、中西方体育文化差异的形成原因

（一）受经济制度的影响

人类文化按照地域特征进行划分，可以划分为大陆文化、海洋文化和岛国文化。中国文化是典型的大陆文化，发源于黄河流域，属于农业文明，使东方人形成了安分保守，求同求稳的性格特征，以和为贵的处世原则。而西方属于海洋文化，很早就进行了工业革命，使西方人乐于探险，性格外向，具有较强斗争性和自主意识，奉行独立自由的处世原则。

（二）受地理环境的影响

中国的国土主要以平原、山地和高原地形为主，东面环海，西面环山，地形上比较封闭，致使中国人空间意识薄弱，思维局限于本国范围之内，使中国人形成了安守本分的性格，缺乏好奇心和探索精神。而西方大部分国家地处开阔的海洋环境，他们的工业、航海业都比较发达，沿海地区，地震、海啸等自然灾害时有发生，也造就了西方人敢于冒险和不屈的性格。

（三）受历史文化背景的影响

中国传统文化深受儒家传统文化的影响，孔子也被尊称为孔圣人，遵守儒家学派倡导的"仁、义、理、智、信"和"温、良、恭、俭、让"的人生态度。而西方受文艺复兴时期文化的影响，较早的开始工业革命，奉行独立、自由、平等的精神，人们的自我意识较早的觉醒，具有敢于争先的竞技精神。因此，西方体育主要发展竞技类体育运动，而中国古代的竞技体育基本为零，主要强调体育运动的娱乐性，重视娱乐精神。

三、中西方体育文化差异的融合

（一）中西方体育文化融合的必然性

和谐发展成为世界的主流，西方体育通过奥林匹克等各类运动以更加开放的姿态向各国延伸，而中国体育为了扩大国际影响力，也是积极走出国门。尽管两种体育文化都有一定的排他性，但它们都是奉行"以人为本"的竞技理念，此共同点将推动着两种体育文化的交流，在求同存异中共同前进。

（二）中西方体育文化融合的原则

1. 平等互利性

中国体育文化对西方体育文化的态度，再不是被动的或"崇洋媚外"的，而是一种自由的变迁与融合，自觉自愿、平等互利的双向交流。

2. 多元互补性

当今社会和平发展是主律，多种体育文化价值观并存，不同价值取向互补，共同协调发展是国际社会大环境的要求，和谐带来和平，竞争促进发展。

3. 继承与借鉴相结合

一种文化的发展离不开向其他文化的借鉴和学习。任何一种文化的发展应该是继承过去的思想精髓和借鉴其他文化的先进思想，通过文化的不断积累和沉淀，最终形成适合时代发展的优秀文化。

4.解放思想，与时俱进

对现代中西方体育文化进行认真的分析和论证，毫不犹豫地去粗取精，充分考虑现代人类的先进文化，进而构建一个崭新的符合现代全球体育发展的需要。

中西方体育文化存在着明显的差异性，它受到经济制度、地理环境、历史文化背景等因素的影响。未来的体育时代是世界体育的时代，它的内涵既是东方体育又是西方体育，既是外来体育又是民族体育，又是古代体育又是未来体育，它的概念就是全部人类体育的集合体。

第四章　体育教学与体育文化的融合

第一节　体育素养下的高校体育教学文化品格

　　本节采用文献资料等，通过分析高校体育教学文化品格的弱化原因，基于体育素养下对高校体育教学文化品格培育展开了探讨。研究认为：体育教学的文化品格的提升，很大程度上取决于，高校体育教师对文化品格的塑造以及学生对体育文化品格的理解。然而就现今的体育教学现状而言，大部分高校的体育教学过程中，对体育文化教育功能不够重视，这就导致我国的体育教学文化品格的生成和塑造有着很大的困难，同时也致使当前大学生体育素养的缺失。建议：各大高校积极进行体育教学内容和教学方式的创新以及改革，着重突出体育的文化教育功能，才能通过充分利用体育教学文化品格的提升，来提高当前大学生的体育核心素养。

　　体育运动具有交际性、竞技性和观赏性等几个方面的特征，在高校体育教学中，往往会牵涉到多个方面的文化品格。在当前高校体育教学当中，要大力倡导提高大学生体育核心素养的发展背景下，通过在高校体育教学当中，加强注重对大学生文化品格的教育，不仅能够更好地教育大学生形成良好的品格，而且还能够弥补传统体育教学中的一些弊端。因为，体育教学的文化品格，包含了：精神文化、生命文化、审美文化以及民族文化等多方面的品格。通过在高校体育教学当中积极进行文化品格教育，不仅有利于帮助大学生养成良好体育习惯以及形成良好的体育意识，并且还能使大学生的精神世界更加丰富。因此，高校的体育教学不能只注重单纯的技能训练，还需要加强文化教育的导入，这样才能大学生营造一个人性化的学习环境，有效提升当前大学生的体育素养，为我国的体育文化的传承和体育的发展奠定良好的基础。

一、当前高校体育教学文化品格弱化现状

　　受当前多元化文化观、教育观等影响，当前高校体育教学文化品格出现被弱化的发展现状，其主要体现以下几种现状：

　　体育教学文化品格不被重视。随着当前现代体育项目的多样化发展，我国高校体育课程设置了也涵盖了多个方面的内容，可以说当今高校体育教学的文化品格教育也具有多元

化的特征。多元化的文化品格需要教师利用更多的时间对学生进行引导和教育。然而就目前的状况而言，我国高校设置的体育课程授课时间非常少，而且体育教学理念也相对滞后，这就给体育教师带来了很大的困难，只能以基础的技能教学为主，而忽视了对学生的体育文化培养。

体育教学理念相对滞后。我国高校设置体育课程，其主要目的是为了确保学生身心素质的良好发展，为学生后期的学习和工作奠定良好的基础。由此可见，高校体育教学在教育中具有极其重要的地位，也有着很好的文化育人功能。体育课程与高校的专业课程相比而言，教学理念比较之后，课程时间较短，大部分师生对体育课程的重视程度不够。出现这种问题的原因具体有两个方面，一方面是我国大部分高校将体育课程安排在大一和大二年纪，之后就不再安排体育课程，这就导致高校体育教学缺乏持续性，文化品格的系统生成受到了不利的影响。此外一个方面，高校体育课程以显性教育为主，但是对于文化品格等隐性教育不够重视，甚至出现了一些脱离学生实际生活的体育课程，这不仅不利于学生体育情感和身体意识的培养，而且还影响了人性化的体育学习环境的营造。

过分重视体育技术教学。由于高校的体育教学时间是有限的，所以教师往往会根据自己的重视程度来安排体育课程的讲解。通常情况下，体育老师在制定教学计划和教学内容时，总是以技术教学为主，而忽略了对学生文化品格的培养，这样容易导致教学氛围比较枯燥乏味，学生对体育课程的热情度不够。除此之外，现代教育为了迎合学生的学习需求，过于倾向于游戏化、随意化和活动化，这虽然在一定程度上满足了学生体育学习的个性化需求，但是却逐步陷入了没有重点的教学困境。要知道，如果缺乏精神内涵和人文教育的培养，体育教学中文化品格的塑造是很困难的。

体育教学存在功利思想。虽然现代高校的教育不提倡"达标教育"，但是根据目前大部分高校的教学评价体系现状，还有一些学校在搞"达标教育"。多数学生学习体育课程，只不过是为了拿学分和奖学金，而不是想学到真正的技能和知识。这就使得功利思想出现在体育教学课程中，无论是学生还是老师都会受到严重的功利思想的影响，这就在潜移默化中弱化了体育文化品格的教育。与此同时，功利思想使学生和教师只注重于学习成绩，却对体育教学中的情感素质、精神状态以及文化品格有所忽视，这样不仅限制了体育素养下高校体育的发展，也不利于高校体育文化品格的塑造。

二、高校体育文化品格实施的意义

在日常的生活中，人们讨论起来关于体育方面的东西，不论是体育课程还是体育专业甚至是体育竞技，往往只知道其动作和技巧，而忽略了体育中所蕴含的文化品格。对于高校大学生来说，都比较喜欢体育项目，大部分学生之所以喜欢体育，是因为在体育运动中能带给自己喜悦感，或者是从小到大形成的一种习惯，而真正是因为体育文化喜欢体育的人寥寥无几。

在高校的体育教学课程中，通常将文化课分为两类，既体育外在的审美文化以及体育内在的生命文化。经常进行体育运动的人能够看出来他的身体外在变化，这就是人们常说的形体美。然而这种外在形体美没有统一的定论，有的人将健康作为外在美，而有的人将健壮作为外在美。现在是一个多元化的时代，正是由于体育外在美的多种表现形式，才吸引了性格不同的大学生。随着时代发展，学生的性格逐渐多样化，在高校体育教育重视学生个性化培养的前提下，体育文化的外在表现极大地满足了学生的发展需求。

此外，一个体育的内在文化是需要长期的体育学习才能表现出来的，经过长期的观察调查显示，每个人在运动的时候身体内部都会产生化学反应，这种化学反应往往会改变人们的精神面貌，长此以往就会在潜移默化中改变人们的生活方式。其实积极稳重的人往往是喜欢体育运动的人，因为在长期的体育学习中能够形成这种气质上变化，而现代大学生正是需要这种气质。同时体育的内在文化还可以逐渐改变人们的懒惰心里，这样生活才更有计划性。由此可见，在高校的体育教学中，文化品格在不同的层面上对学生有着极其重要的意义。

三、基于体育素养下的高校体育文化品格的提升路径

制定体育教育的文化目标。为了能有效促进高校体育教学的可持续发展，提高大学生的体育核心素养，需要对高校的体育教学目标进行调整和优化，尤其在体育教育的文化层面上需要进行不断的完善。只有全面提升高校体育教学的文化品格教育，才能彰显出体育核心素养下的大学生文化品性。在制定教学目标的时候，首先，要注重传统的体育技术教学目标，然后，结合具体的教学环境制定社会文化目标。对于现代社会而言，体育教学的文化实践是非常重要的，不断加强文化品格的教育有利于将体育教学中的隐性教育与显性教育结合起来。这样一方面，能够丰富高校体育的教学内容和教学方法，使教学管理系统更加科学化和人性化。另外一个方面，还能够营造一个更加具有文化气息的学习环境，使学生在乏味的体育运动中受到文化的熏陶。制定合理的体育教育目标，可以促进高校体育教学从单一化走向多元化，从功利化步入人性化，这是一个积极的转变，也是一个有利于学生良好发展的局面。

逐步贴近学生的文化需求。在当前大部分的高校体育课堂教学当中，虽然设置了很多不同的体育项目，但是一些项目却没有完整的设施，这样一来，能够为大学生提供自主选择的项目也就寥寥无几了。同时，单一的体育项目对于学生的教育功能是有限的，尤其是在文化品格方面。针对这种体育教学的现状，各大高校应该吸收多元化的体育教学内容，不断优化升级为学生制定的课程体系，同时，要保证尽可能多地选择一些贴近学生实际生活和文化需求的体育项目，将这些体育项目进行趣味化的教学设计，使得高校的体育教学更加多元化和人性化。体育教学的文化品格具有开放自主的特点，从多方面满足学生的文化需求能够有效改善现代高校的体育价值观。

注重体育教学中的情感交际。根据现今的实际教学情况来看，大部分体育活动的开设都是一个集体活动的过程，在这个过程中通常需要加强学生和老师之间的情感交际以及体育交际，这就是通常所说的交互式课堂。交互式的教学模式有利于高校体育文化品格的塑造，能为此提供有效的时间和空间。在这个教育事业不断完善的时代，高校应该积极打破传统的封闭式的教学模式，将精力更多地用在互动性强、集体性强的体育项目教学中。这样有利于促进学生的全面发展，促使学生在丰富的情感交际中受到文化的熏陶。

在体育教学中侧重于情感交际的项目有很多，比如"信任摔背"、"依存共渡"以及"孤岛求生"等等有趣的拓展项目。积极开设此类项目有利于促进学生之间或者学生与老师之间的信任感和依赖感，有效减少或者避免学生在体育课中的自我行为。不得不说，注重情感的体育教学是文化品格塑造的基础，学生在集体的合作中以及接触中能够产生积极的文化情感，这样塑造出来的体育文化品格才更加立体化。

完善体育教学评价。虽然我国高校的教学评价一直在休整和完善，但是仍然有很多方面存在着弊端，就比如学校尤其重视期末的考试成绩，而期末考试的内容主要是学生的体育技能素质。然而对学生在体育课堂学习中出现的运动请感，收获的文化精神以及团队精神却不够重视。事实上，各个方面的收获都是很重要的，都对于学生未来的工作能够有着很大的帮助。所以基于体育素养下的高校体育教学评价，需要做到过程性评价与结果性评价的良好结合，在注重考试成绩的同时也要关注学生在学习过程中的其他收获。这样不断拓展多元化的教学评价，有利于现代大学生激发更浓厚的体育学习兴趣，充分调动学生的积极性，展现出多角度的体育文化品格。更重要的是，高校的体育教师还可以积极引导学生进行相互评价，学生之间的相互评价能够营造一个平等和谐的教学环境，同时提高体育文化品格的塑造。

将体育文化品格融入体育技巧中。随着计算机网络技术的逐渐成熟，各种各样的体育技巧在网络上广为流传，但是，不少高校的体育教学却仍然保持着传统的方式。大部分高校在体育课堂中教授的热身操运动一直是一套动作，在技巧上丝毫没有改变，动作单一导致学生没有兴趣。针对这种现象，高校的体育教学应该做出一定的改变，应以学生的需求为主，遵循多元化的体育教学，可以将网络比较热闹的热身运动，融入到教学当中并分为具体的身体部位进行锻炼。比如，从腹部、手臂、腿部等部位开始，制定简单又有效率的锻炼动作进行锻炼。教师可以让学生自己选择喜欢的项目进行练习，这样做能够使体育的外在文化极好地融入课堂教学中。对于体育的内在文化，就可以通过现实的情况进行相对应的文化教学。例如，对于那些极度肥胖的学生，可以适度加大体育锻炼的强度，这样除了能够有效改变大学生身体外形，还有利于提高学生的自信，让学生的生活方式和思想观念的改变。

总而言之，高校体育发展过程中，需要不断对体育文化品格进行思考，这既是高校体育建设的重要内容，同时也是校园文化传播的有效途径。随着社会教育事业的不断发展，高校体育文化逐渐呈现多元化的形式，基于当前体育素养下，国内各大高校需要重视对文化品格的思考，不断突破传统观念的束缚。教育环境的好坏影响着学生学习的效率，因此营造个"以人为本"的教育环境是极其重要的，通过完善体育教学评价，注重体育教学中的情感交际，逐步贴近学生的文化需求，逐步贴近学生的文化需求等方法不断塑造学生的体育教育文化品格，促进学生的身心健康协调发展，进而提高学生的体育核心素养。

第二节　体育教学文化品性的应然与培育

体育教学除承载强身健体、娱乐身心的功能之外，更是蕴藏着丰富多元、表征宽广的文化品性，因此，体育教学理应蕴含生命文化、彰显精神文化、蕴藏美学文化与折射民族文化。然而当前，受教学工具主义和功利主义的影响，体育教学文化品性又面临着人性的迷失、技术的追逐、功利的诱惑等困境，需要在教学目标上注入文化品性，在教学内容中融入多元文化，在教学过程中拓展交互空间，在教学评价上体现科学人性。

从传统观点来看，体育教学承载的是强身健体、娱乐身心的功能，其更多的是被置于教育教学的一种固有形式与学科属性，体育教学之中蕴含的文化品味与文化品格长期以来是被忽略的。但其实，体育教学作为教育和体育文化承接与传播的重要载体，是蕴藏着丰富多元、表征宽广的文化品性的，只是由于当前受来自社会和大教育环境等多重因素的影响与制约，体育教学被赋予更注重于追求技巧、成绩等显性功利性价值，而其文化内涵则一定程度上被人们所忽略与异化。在大力提倡素质教育与人的全面发展的今天，将体育教学置于文化的宏观视野中重新进行审视，对于重新重视体育教学的本原属性、还原体育教学的文化功能具有重要的意义。

一、体育教学文化品性的应然

体育教学应蕴含生命文化。在体育科学高度发达的今天，人们对于体育运动与生命及其内在精神之间的关联认知越来越清晰，人们观赏、参与体育运动，从而对于生命的含义、生命的极限、生命的价值等愈加珍视。而从历史传统来看，中西方都认可体育是一种生命文化的表征。儒家文化中，孔子在礼、乐、射、御、书、数的六艺教育中，强调了射和御的教育，强调了礼乐和射御的结合，达到造就文质彬彬、尽善尽美人格的境界。孟子和荀子则提出了形神兼具、以动养生，学以致用、技贵于精，公平竞赛、广招贤才等体育思想。道家创始人老子则提出法道、贵柔、重啬、节欲、守静的体育思想。从儒家、道家的体育倡导中可以看出，其都强调体育对于生命的发展的意念性、道义性及和谐性。因此，体育教学天然蕴藏的这些生命文化需要在教学过程中予以展现，从而让受教育者能够在教学中对生命文化有所感悟、有所内化。

体育教学应彰显精神文化。体育精神是体育活动中因个体或群体内在意志或思想朝积极方向延展并能够对他人或社会群体产生一定影响力的作风与意识，不管是竞技体育还是群众体育，体育精神的产生都是体育活动在长期的实践过程中自然孕育产生的。总体上来说，体育精神包含很多种类，是立体多元和丰富多彩的，其主要表现在：一是拼搏精神，即发挥人的意志力和信念力，在体育活动中拼尽全力、战胜自我、超越自我、勇往直前的进取精神；二是团结精神，即在体育活动中，与他人精诚合作或融入团体之中，积极认真地完成体育实践赋予自己的责任，共同达成特定的体育目标；三是友爱精神，即在体育活动中关心人、理解人、尊重人、帮助人，形成互帮互助、相亲相爱的友好氛围；四是科学精神，体育活动要遵循基本的身体与运动科学规律，在技战术安排、运动时间与空间、运动技巧等，都蕴含着科学精神。因此，体育所包含的这些体育精神都理应在体育教学之中予以彰显与体现，既要将其充盈到教学活动过程之中，同时又要有意识地对教学对象进行输送与培育。

体育教学应蕴藏美学文化。体育活动作为一种展示人的体魄、智慧与精神的实践活动，本向蕴藏着丰富的美学元素，具有较高的审美价值、观赏价值和艺术价值。一是体育活动展现了人的形体之美，人们通过体育运动强身健体，能够塑造出符合现代人审美观的健康体魄与优美身形；二是体育活动展现了人的竞技之美，体育运动尤其是高水平竞技体育运动，以其高难度、专业化、接近人的身体极限等充分展现了人类对身体能力的追求，在不同的运动项目中展现了不同的竞技景观，满足了不同人群的竞技审美；三是体育活动展现了人的艺术之美，优美的体育动作，健美的肢体语言、紧张的比赛节奏和扣人心弦的竞赛过程都给人们以美的享受，还有比赛现场的环境、色彩、灯光、音乐，运动员的服装，拉拉队的舞蹈，甚至随着比赛的进行人们欢呼、呐喊尽情的释放自己的情绪，这都是美的形式，是艺术性的体育表现；体育活动之中所蕴藏的这些多层次、多维度的美学品味要求在体育教学之中予以展现，使受教育者能够学会审视体育的美学意义，提高自身的审美情趣与审美能力。

体育教学应折射民族文化。体育既是世界共通的语言，也是民族特性的表现，任何一项体育活动都有着特定的民族性和文化根源，都是从特定民族文化根基上产生并最终走向世界的。因此，民族文化是体育活动的最深层基因与密码。我国不仅有享誉世界的强国体育项目，还有众多体现各民族特征的民族体育、传统体育和群众体育，都折射着中华民族传统文化的优秀品质，体现的是中国传统文化中追求天人合人，强调的是人体发展与社会、自然的和谐之道，注重形成的是由内而外、由表及里的体育文化的升华与塑造，要求人在体育锻炼中生成人的精神品格、自我涵养和自醒品质。在体育教学之中，必须要把中国传统体育文化所追求的这些优异因子渗透到教学过程中，使受教育者在体育活动之中体验民族文化和传统文化，进而增强体育的文化觉醒与文化生成。

二、体育教学文化品性的困惑

体育教学对人性的迷失。教育的目的在于培养人、塑造人，体育教学作为教育形式的一种，必然也要遵循这一基本教学规律，在教学中更多地将重点放在人本身上。然而在实际教学过程中，"见物不见人"、"见技不见人"的现象比比皆是，人性与文化的缺失成为普遍。其主要表现在：其一，课程认知的单一化，社会、学校简单将体育教学界定为增强体质、传授技艺、娱乐身心的课程，认为其只要完成相应的课程内容即可，对人在体育教学中的主体性更加不予重视；其二，教学内容被固定化，体育教学应该是内涵丰富、文化多元的，但是实际教学中却被相应地肢解为固定的知识技能与运动技巧，学生通常只能被动地接受相应的教学内容，而缺失参与权、主动权；其三，教学空间被局限化，体育教学基本上都被限定在学校教育制度体系之中，往往与地方体育资源、体育文化传统等脱节，对于人的社会活动空间漠视，进而使受教育者感受不到更具感性和人性的体育内涵。

体育教学对技术的追逐。体育教学理应是充满生命张力和彰显文化魅力的课程，是让人能够在体育活动之中既强健身体，又能够感受体育的魅力与精彩，但当前我国体育教学深受技术主义的影响，尤其是在应试教育和追逐竞技成绩的大背景下，教育者普遍持较强烈的技术教学观，对体育的文化品性与文化张力视而不见，这极大地限制了体育文化的彰显。通常，在体育教学目标的设定上，以某一项技术的达标作为最终取向，重视"术"而忽略"道"；在体育教学过程中，一方面重视技术的讲解、演练与训练，以受教育者掌握技术为主要培养过程，另一方面部分教师采取"放羊"式管理，以"活动化"、"游戏化"为主要教学形式，学生很难从课程中感受到体育美感；在体育教学评价中，一般是硬性指标作为衡量标准，融入文化评价的弹性评价比较少见。

体育教学受功利的诱惑。"功利主义"的核心思想在于以实际功效或利益作为道德价值的基础和最高标准，认为追求和实现人的幸福和利益是人们行为的最根本目的，趋利避害、趋乐避苦是从共有的自然本性和行为的必然选择。在当前以应试教育为主流的教育环境中，体育教学往往被置于边缘位置，这也是导致其文化功能难以发挥的重要原因之一。而更多的功利主义倾向则体现于实际的体育教学之中：一是体育被赋予了宣传的功能，很多学校寄希望于体育人才的选拔与培养，在短期内通过学生在体育比赛或体育项目中获得名次来彰显其办学实力，从而获取宣传资本，以提升其学校的知名度和美誉度；二是体育被赋予了利益色彩，众多体育教师以学生在体育赛事中获得的奖牌及名次作为职称晋升、奖金分配的砝码，日常教学中仅关注学生的体育技能提升，而忽视其文化内涵的培养；三是体育被赋予了升学杠杆，众多家长寄希望于通过子女的体育特长作为升学的"捷径"或"加分项"，向体育教师传达其迫切的功利心态和升学需求，致使体育教学承担着满足"升学"意愿的功能。在这种功利趋动和浮躁心态的双重压力下，体育教学的文化属性逐渐被后置，体育教学沦为了现实功利的工具。

三、体育教学文化品性的培育

体育教学目标：注入文化品性。体育教学目标规定着发展方向和最终要达成的教育培养取向，是体育教学运行的"牛鼻子"。而体育教学要完成文化品性的注入与养成，必须要全面修订、更新教学目标体系，要将文化品性作为体育教学的逻辑起点之一，将体育的各文化元素在人的发展中的作用与功能完整地体现于教学目标之中，促使文化实践成为体育教学的常态，从而有利于彰显体育教学在人的成长过程中的文化价值。

体育教学内容：融入多元文化。要将体育的多元文化融入到体育教学之中，要从社会现实与生活旨趣出发，建构体现文化要点的内容体系和教学形式：一是体育教学内容要输入学生生活世界。教育者要在调研的基础上充分发挥地域性、民族性、传统性比较强的体育文化资源，研究学生对体育活动关注的热点与焦点，创造或借用能够有效吸引学生兴趣能引起共鸣的体育教学内容，进而增强学生对体育教学的热情和主动性，并能够在参与中收获文化感知；二是体育教学内容要体现差异性，学生对于体育追求的精神世界与文化取向是有着较大差别的，要在尊重学生个体差异和精神需求的基础上以小组或团队的形式设计教学内容，往往能够让学生在课堂中享受到体育的快乐与享受，从而在精神上产生满足感；三是体育教学内容要多样性，体育教学并非是完全的以身体活动作为全部的教学内容，亦可穿插介绍讲解一些体育常识、体育故事、体育人物等内容，甚或可通过选修课的形式展现体育医学、体育科学、体育艺术等学科形式，也能够增长学生的体育文化视野。

体育教学过程：拓展交互空间。体育教学价值取向的转换，即要从传统具备单纯工具性课程转向兼备文化培养的复合型课程，表明其必须要从过去封闭式、单向度的直线性课程，转向主客体互动、动态式调整和注重文化培养的课程。而这种转换更多地要在教学过程中予以体现，其一，体育教学主客体要充分互动，要抛弃过去教师完全主导教学过程，以活动式或项目式的教学活动为主线，教学的目的是实现教师布置的任务，而应该是师生充分商讨，双方以协商、合作、对话、交流、碰撞的方式共同来确定教学体系，在教学过程中，双方能够相对以平等、自由的姿态来完成教学活动；其二，体育教学互动要实现精神升华，体育教学过程不能仅仅是技术、技能的训练场，在完成相应运动知识与运动技巧教学内容的同时，双方还要探讨体育精神、体育情感，在充分互动过程中实现彼此精神上的体验与升华；其三，体育教学时空要纵横延伸，体育教学的信息传达过去仅仅局限于课堂，要促进体育教学文化的渗入，就要逐步打破这一时空局限，创设更多的体育教学课外实践及教学时间，鼓励学生通过自学与自我锻炼的方式将课堂延伸至课外，将体育文化融入到学生的日常体育观感与实践中。

体育教学评价：体现科学人性。体育课程作为一种异于以文化知识为主要取向的特殊课程，长期以来在教学评价被同化为普通课程，过于追求标准化评价、终结性评价，对于学生在体育教学过程中的习惯养成、情感体验、课堂态度等缺乏足够的介入。要促进文化表征在体育教学中的实现，必须要改变这种现状，实行多元差异化的评价体系。一是树立文化教学评价。体育教学评价理念决定着评价方式和评价手段，评价理论要突破传统观念，将教学功能定位于强身健体与文化自觉生成的综合体，更加注重体育文化要素在学生受教育过程中的渗透程度与效度；二是拓展评价内容，更加强调学生在体育教学过程中的知、情、意、行的综合文化评价，引导学生树立生命文化，注重弘扬体育精神，增强体育审美情趣，从而帮助学生建构完整、全面、和谐的体育教学认知；三是更新评价手段，体育教学评价要在以科学性和多样性评价的基础上，根据设定的教学目标、教学内容、学生的实际需求等，综合运用动态评价与静态评价相结合、过程性评价与结果性评价相结合、定性评价与定量评价相结合、专项性评价与综合性评价相结合的方式，从而建构一套科学化、人性化的体育教学评价体系。

第三节　从阳光体育文化审视高校体育教学改革

阳光体育文化是在开展阳光体育运动的背景下提出来的，对于我国高校体育教学改革来说是一场革命性的活动。在阳光体育文化的倡导下，高校的体育教学改革无论是在教学的基本出发点上，还是在体育教学模式和教育观念等方面都会受到相应的影响。高校的体育教学改革能否在阳光体育文化的影响下有新的突破，怎样推进高校教学改革是一个值得深思的问题，而阳光教育的新理念和新思路给了我们一点新的启发。本节从阳光体育文化背景出发，分析该背景下高校体育教学当前存在的问题，并针对问题提出推进高校体育教学改革的相关措施建议，以供探讨。

阳光体育文化是国家体育总局和教育部在 2006 年共同提出的一种新体育教育理念，在全国范围内实施开展阳光体育活动，并将阳光体育理念引入高等教育理念中来。高校是培养高素质人才的摇篮，大学生身体素质的高低决定着社会人才各方面素质的高低，是提升大学生综合素质的基础，因此，将阳光体育文化贯彻执行是提高高校培养大学生综合素质的必然要求。由教育部和国家体育总局共同发布的《关于开展全国亿万学生阳光体育运动的决定》可以看出，全国各级各类学校中积极开展阳光体育运动的力度是不断加大的，结合《学生体质健康标准》提高大学生体质健康水平已成为高校体育教学的重要目标。从正式启动到现在已经过去了十年，阳光体育运动对高校的体育教学带来了怎样的影响，是否能跟随社会经济的进步对体育教学产生持续的影响力，本节试作简要分析。

一、阳光体育文化的内涵和意义

体育运动是人类在适应自然和社会时以身体锻炼为基本手段的一项活动，目的在于改善自我身心健康水平和激发自我潜能，以适应不断变化发展的社会生活。阳光体育运动是基于"阳光"的寓意下开展的有特定目的的体育运动。从阳光体育运动的构成来看可以分为物质和精神两个部分，物质也就是硬件设施方面，这部分包括跟体育活动开展有关的体育设施设备、体育场馆寓所、体育器械和体育工作人员等；精神的部分是较为抽象存在的，保证各项体育活动顺利进行的与体育相关的规章制度、思想意识和体育文化等。阳光体育教育是注重体育教师关爱、注重学生个体发展的一种教学理念，是改变师生关系、打破传统体育教学理念的一种教学实践和教学影响。阳光体育文化主要注重以下几个方面：1. 自由性。在实践性较强的体育教学中理论教学是基础，多样化的体育活动是根本。户外体育活动的开展是实现体育活动阳光性质的保证，不仅能够增强师生之间的情感交流，也能够吸引学生走出教室，走进大自然。2. 全面性。阳光体育文化不仅关注高校大学生的身体健康的问题，还对大学生的心理健康问题和学习体验非常关注，强调了大学生的身体、心理和情感等多方面的综合发展。3. 主体性。以学生个体作为教学的主体，摆脱传统以教师为主体的教学模式。阳光体育文化的主体性充分提升了学生的主动性与参与感。

二、阳光体育文化背景下高校体育教学存在的问题

体育教学理念滞后。高校的体育教学在素质教育提出后有了多次改革经历，然而在体育竞技和体育比赛等多种体育观的影响下，以终身教育为宗旨的素质提升体育教学观并没有得到推广，更不用说阳光体育文化所倡导的快乐体育了。在高校体育课程中，阳光体育和快乐体育的理念仅仅是止于表面。高校体育教学理念的阳光性仅仅是体现在选课自由和体育课程的宽松性上，在贯彻体育的"终身教育"和"健康教育"的理念上还有一定距离。首先是高校的体育课程每周一次，对于高校大学生而言并不能起到学生每天都能"锻炼一小时"的教学条件；其次是高校的体育教学设施和师资配备难以满足学生的个性化体育培养需要。传统的体育教学理念仍然存在于各高校的教学实践中，也正是这些滞后的教学理念在影响着高校阳光体育文化活动的开展。

体育课程的内容和形式有限。高校的体育教学课程内容在体育院系主要是以竞技类内容为主，在其他院校的体育课程中则是以浅尝辄止的体育了解为主，忽视了体育课程内容与体育锻炼之间的有效衔接。这种忽视容易造成高校学生对于体育锻炼的漠视，影响了高校终身体育教育理念的贯彻，切断了高校体育教学与高校学生体育锻炼之间的沟通桥梁。此外，在高校中体育课程是作为学校的公修课进行自由选择的，除了在第一学期开设的公共必修课外，其他的体育班级都是在自由选择的基础上进行安排的，课程内容的自由选择给了学生一定的自由度。但是在缺乏完善的体育认识和重视度的影响下，高校学生选择高校体育课程的首要指标就是容易通过，而不是考虑自身的身体素质要求和锻炼需求。同时，在高校体育教学中也缺乏相应的检测条件和评价。

校园体育文化环境有待改善。校园的文化环境主要是由硬件环境和软件环境两个方面构成，其一是校园内部存在的教学楼、图书馆等教学设施、实验室教学设备等硬件物质要

素；其二是包括制度文化、思想观念、学习氛围等在内的影响学生人生观、价值观正确形成的思想和心理方面的各要素的集合。在高校体育教学改革的影响下，各高校的体育教学设施建设都相对齐全，主要存在差异和不足的是校园的体育软环境，包括体育课程在高校教学中的受重视程度和校园体育文化的氛围打造。而这种校园体育文化的打造主要是来自于高校体育活动的开展，如，社团性质的体育团体组织校园运动会、校园马拉松等。阳光体育文化的教育理念是"每天锻炼一小时"，要在校园中实现这种锻炼热情，还缺乏强有力的组织领导。社团性质的体育活动开展一般只是由部分学生积极参与组织，没有相对专业的体育教师参与，一方面跟高校体育教师的科研压力和工作压力有关；另一方面跟相关的体育活动组织和指导所付出的辛劳得不到相应认可也有很大关系。在这种情况下，高校体育活动的开展十分微弱，因此对校园体育氛围的营造作用也十分有限。

三、阳光体育文化背景下推进高校教学改革的措施建议

加大"阳光体育"教学理念的推行力度。教书育人，理念先行。高校的体育教学要树立以"终身教育"为指导的思想，将终身锻炼的体育意识植入学生的脑海，并鼓励学生积极参与阳光下的体育锻炼和体育活动。具体可以从教师和学生两个体育主体身上努力，一方面对高校的体育教师进行定期的"阳光体育文化"教学理念的培训；另一方面通过不同的校园体育活动对学生进行"阳光体育文化"理念的宣传和引导。

丰富体育课程的内容和形式。体育课程内容和形式的丰富性是体现"阳光体育文化"内涵的直接手段，课程的内容提升可以从民族性、创新性和娱乐化几个方面努力。首先是区域化的民族性课程，在不同的地域文化影响下，各高校的校园文化是有差异的，而这些差异体现在体育文化上，主要是在传统的体育项目上，积极开展这些民族性质的体育项目不仅有利于传统文化的传承创新，也有利于高校学生的眼界开阔和增加民族归属感。其次是体育课程形式的创新性，在竞技类型的体育项目上通过创新手段实现可操作性和可接受度，如，调整跳高、跳远的要求来实现学生体验的满足感。最后是教学内容和形式的娱乐化，"阳光体育文化"打造的是高校学生的终身体育，并且其范围可以扩展到家庭和社会，在社会兴起"广场舞""跑酷"等运动项目时，高校的体育课程是否能够借鉴这些形式来丰富教学过程，将高校课程"娱乐化"。一方面提高高校学生的体育体验，另一方面这些形式还可以被学生带出校园，走进学生家庭和学生的朋友圈。

打造良好的校园体育文化氛围。要实现"阳光体育文化"的每天锻炼一小时的教学目标，全面开展积极的校园体育文化活动是必要之举。高校校园文化氛围的营造主要是通过各种形式的文化社团和活动举办，如果高校能够把校园体育文化活动的开展归为专门的体育部门管理，做到有组织、有指导、有条件的举办校园体育文化活动，那么，高校的体育文化氛围必然会有所提升。其次，在注重学生的课余体育活动方面也可以出台相应的鼓励政策，诸如，体育文化活动参与的评优评奖，党团组织和学生会对体育爱好者的吸纳和鼓

励。同时，还可以加强对"每天锻炼一小时"等阳光体育文化理念的宣传和引导，从而从环境氛围上影响学生的体育意识和锻炼习惯。

第四节　体育文化传承的内涵及在体育教学中的传承

文化是人类社会发展过程中创造的一切物质和精神财富的总称，体育文化是一种有着深刻内涵和丰富外延的文化形式，是人类文化的重要组成。体育教学真正把握体育文化内涵，并在实践中不断总结和反思，做好体育文化的传承与弘扬，不断提升学生的文化素养和艺术品位，培养全面发展的高素质人才，进而推动我国体育事业的可持续发展。

文化是人类社会发展过程中创造的一切物质和精神财富的总称，体育是人类的伟大创造，是人类在劳动、祈祷、娱乐中创造并不断创新的运动健身和艺术承载形式，体现了人类在发展过程中对自然的膜拜、对自我的超越，表现着人类所特有的精神、信仰、思想。体育教学不仅要让学生掌握相应的体育运动项目的动作技巧、活动组织规则以及相应的礼仪等，还要让学生能够感知体育文化，做好体育文化的传承与弘扬，不断提升学生的文化素养和艺术品位。在现代体育不断强化的今天，在我国成为世界体育强国的发展道路上，我国需要在现代竞技体育上不断超越，真正培养学生的体育文化素养。

一、体育文化的内涵阐释和意义分析

从大文化的视角来看，体育文化是文化的一大组成部分，不仅有着丰富多样的表现形式，更有着独特的文化内涵，体现人与自然、人与社会发展的复杂关系，展现的是人类的生活方式、人生态度、理想追求、审美创造。体育精神是人文精神的重要构成，人们更加注重物质和精神的协同发展，更加重视身心合一的全面健康发展理念。体育文化的内涵表现为精神、思想和文化礼仪三个方面，进取意识和智慧创造是体育文化的深层结构内核和特殊的精神品质；又表现为一定的公众精神或者团队精神，同时体现出相应的思维方式、价值观以及阶段性和区域性的伦理道德。人们在参与和观赏体育比赛中能够非常强烈的感知这些体育精神带来的深切感动和强烈震撼。体育思想是在体育发展史上人类逐步形成的对于体育的看法和认识，表现为关于身体锻炼、体质强化的认知，在参与实践中需要掌握和遵守的知识、技能、道德、意志品质以及各种规则意识，成为一种全社会认可的共同性体育思想。体育礼仪是体育文化最为具体的表现形式，也是现代体育文化最为突出的标志，以体育道德为核心，是体育运动和比赛中体现公平竞争、竞争律己的行为规范和活动准则。新中国成立以后，现代体育运动在我国得到更好地普及和发展，改革开放以后，我国融入世界的步伐不断加快，中国文化的包容性越来越强，现代体育文化已经成为中国文化的重要组成部分，逐步融入到中华文化的大母体。特别是新世纪以来，我国全面融入全球化的格局，中国体育已经在世界体育发展格局中占据举足轻重的地位，中国文化在世界上的影响力越来越强，体育文化也展示中国文化的重要方式。体育教学需要重视体育文化的渗透，从而让学生能够更好地传承和发扬体育文化，实现中华民族的伟大复兴。

二、体育教学中推动体育文化传承的有效策略分析

优化良好的运动环境，营造和谐的体育文化氛围。体育教学是一项综合性实践指导活动，需要教师和学生在课堂上围绕相关的课程内容开展体育教学实践，更需要让学生沐浴在一定的文化氛围之中，让学生在耳濡目染中受到影响，在潜移默化中不断内化，在相互影响中促进和提升，在生活和学习中感知体育文化的思想、精神，掌握基本的礼仪规则，和文化内涵。文化既需要一定的有形物质载体，更表现为一种氤氲的软环境，表现为一种看似无具体、实则深感其存在的无形氛围，这种氛围被称之为文化效应场。人置身于一种文化效应场时，就会在潜意识中与之发生不同程度的感应关系，在无意识中获得一种知识和思维感应，并在不自觉中逐步具备了相应的格调情韵、文化精神和人格气质。体育文化就是校园文化的重要组成部分，也是大文化范畴中的重要构成，体育教学需要重视体育环境和文化氛围。在体育教学注重体育文化环境的营造，体育文化氛围的渲染，进而能够让学生获得思想熏陶和精神浸润，学生在这样的环境中学习体育知识和技能更加高效，起到重要的催化作用。学校在运动场、体育馆以及其他文化长廊中喷绘各种体育造型图，悬挂体育明星图片，定期组织学生收看各种大型体育比赛，尤其是张贴绘制各种体育宣传标语和口号，能够让学生时刻感知体育运动项目、礼仪和精神。

注重体育礼仪讲解实践，渗透体育思想和体育精神。在体育教学过程中，让学生掌握一些常规的现代体育和民族体育运动的动作技巧和组织规则，同时注重体育礼仪的讲解和实践，让学生能够在实践中感知感悟，并在运动中发扬；注重体育思想和精神的渗透，在做好基本动作的同时，感知其内在的思想意蕴，培养他们的体育文化思想。每一项运动除了掌握一定的动作技巧，还要熟悉相关的活动或者比赛规则，做到个体规范和群体规范。正规的比赛之前都有必要的体育礼仪展示。比如，入场时，每位运动员需要相互击掌鼓励，并向观众招呼示意，还要向裁判员以及对手通过握手或者拥抱的方式表达敬意。此时，从观众到解说员到运动员再到裁判，都体现出非常规范的礼仪，直接呈现相应的体育礼仪。同时，"友谊第一，比赛第二"的宣传标语随处可见，并且在比赛中真正秉承这一原则，运动比赛中更能够彰显理解、宽容和尊重等等。这些体育礼仪需要体育教师在课堂上向学生介绍和讲解，更需要在课堂上让学生践行和感悟，真正成为他们运动中遵守的规则，并最终从思想深处感知企业思想和文化内涵，成为一种自觉的行动，并内化为自己的文化修养。拼搏精神和超越意识是体育的又一重要精神，每个运动员需要不断超越自我，不断超越对手，将人的潜能最大限度地激发出来。体育教学中需要强化他们这种体育精神，在运动中逐步培养和强化他们的协作意识，从而引导每个学生认可并尊重彼此的差异性，并在

尊重和配合中获得更多的归宿感、成就感和幸福感。

　　积极发挥教师的主导作用，创新设计组织各种运动项目。体育教学中传承体育文化，与教师有着非常重要的关系，需要充分发挥教师的主导作用，需要教师在教学实践中更有创意的组织活动，需要创新教学实践方式。教师是整个体育教学活动的引导者、组织者和促进者，教师的思想和综合素质对学生产生直接而又深远的影响，教师本身就是体育文化的直接呈现者，并从不同方面、不同程度地对学生进行直接或者间接的影响。体育教学中渗透体育文化，让学生能够真正领悟体育的文化精神，并在实践中感知和践行，需要教师积极发挥主导作用。教师通过自己的示范，让学生直接感知体育的礼仪知识，设计不同的体育运动项目，让学生更有兴趣来学习运动项目，并感知每项体育运动背后的思想和精神。教师通过各种微课强化他们对体育文化的认同感，并在运动中让学生真正体会体育运动的公平公正思想、团结协作精神。同时教师有意地将一些平时个性较强、个人能力突出、团结意识相对薄弱的学生分成一组，让富有团结协作精神的学生分成一组，然后组织比赛，让他们直接感知团结协作远远胜过个人单打独斗。为学生设置一些障碍运动项目，或者针对他们的实际有意适当延长运动或者增强强度，让他们能够学会超越，不断拼搏，并在实践中强化他们的意志毅力，从而真正让他们感知体育的精神和思想。

　　总之，体育文化是一种有着深刻内涵和丰富外延的文化形式，重视体育教育的科学性和人文性，在体育教学中渗透体育文化思想，传承体育文化。教学实践中需要认真学习和研究，并在实践中不断总结和反思，真正形成自己对体育文化传承的深刻体验和有效经验，实现体育教育的工具理性和价值理性统一，培养全面发展的高素质人才，进而推动我国体育事业的可持续发展。

第五节　传统民族体育文化与高校体育教学融合

　　随着教育改革制度的实施，我国越来越多的高校在对体育教学上都已经开始逐渐融合传统的民族体育文化，之所以开始将传统的民族体育文化与体育教学相融合，主要是由于目前高校在体育教学上存在的问题越来越明显。因此，本节将重点对我国传统的体育文化和高校体育教学的融合来进行探讨和分析。

　　我国传统的地民族文化是具有少数民族的特征的，因而其也是由少数民族通过他们的节日习俗来开展的传统体育活动。作为传统的民族体育文化，其在众多优秀民族文化中占有重要的作用。因而高校在开展体育教学活动是将其与传统民族体育文化相融，使有利于学校培养更多的优秀公民。

一、传统民族体育文化融入高校课堂教学的重要性

关于高校体育师资队伍中存在的问题。在现阶段，我国大多数高校在体育教学中存在或多或少的问题，而存在的问题主要表现在两个方面：一是根据专业的人员判断得出，无论是当今的体育教学还是传统民族的体育，其都存在教师在体育知识的掌握度上过于狭窄，因而其思维方式也比较单一；另一方面，体育教师在敬业精神上不仅缺乏对知识的求知欲望，还对教师之间的竞争没有足够的重视。除此之外，大多数的高校体育教师队伍对传统的民族体育文化甚少了解，尤其是在当今教学中。比如，体育教师在对体育的认知上大多知识认为其就是田径、体操等运动项目，对于传统的民族体育文化，则就认为其只是一种普通的游戏方式而已，不能够当成体育。如果这种观念不加以改变，长期下来，会在很大程度上导致越来越多的大学生逐渐遗忘我国传统民族体育文化。

高校体育课堂教学中目前存在的问题。随着社会发展的变化越来越大，我国的社会风气逐渐变得浮躁起来，因而对于传统民族的体育文化也越发得不到重视。这个现象主要表现在一下两个方面：一是一些地方政府在高校体育项目上投入过高，而对传统民族的体育文化没有过多的重视，以至于在对其体育项目上投入的经费也很低；二是在现阶段我国大多数高校中的体育教师不仅严重缺乏对传统民族体育文化的知识和理论，而且还缺乏在教学过程中运用传统民族体育文化的方式来进行教学的能力。因而，将传统民族体育文化融入到高校体育教学中是很重要的。

二、传统民族体育文化融入到高校体育教学中的意义

有利于促进大学生的心理和身体全面发展。传统的民族体育文化主要有四个方面的基本体征，即民族性、多样性、自然性和传承性这四个方面。传统民族体育文化所带来的作用不仅能够增强我国民族的凝聚力，而且还能促进社会和谐良好的发展。因而，体育教师在高校体育教学过程中融入传统民族体育文化，不仅有助于增强学生的心理素质和能力，而且还有效的促进了他们的身体素质的健康发展。

有利于更好的传承我国传统民族体育文化。我国传统民族体育文化主要包括两方面，即传统民族体育文化的物质和非物质文化所包含的成分。这种成分就是民族体育文化当中的知识、内涵、活动规则、场地设计和体育动作的技能技巧等。这种民族体育文化是需要一代一代的传承下来的。关于怎样传承其文化，其实有很多方式都能够传承。在大对数的情况下都是通过学校教育的方式来进行传承的，然而除了这种方式还有其他的，比如家庭式的传承或者通过专门的训练活动等都可以。在实际中，学校教育传承的方式更有明显的效果。因而将传统民族体育文化融合进体育教学的过程中是有利于我国民族文化的传承的。

有利于降低高校体育教学的成本。在现阶段高校对开始对体育教学进行改变，也就是

将传统民族体育文化融入到实际教学中，通过这种方式有效的降低了对体育教学的成本。融入传统民族体育文化主要的原因主要有以下两个方面：一是传统民族体育的教学方式比较简单。由于传统民族的体育在很多运动项目上都比较简便且易学的特征，因而其在一定程度上就能够缩短很多细节上的事情，从而有效提升了体育教师在教学上的有效性；二是传统民族体育很容易学会，因为大部分传统民族体育的教学都是以口传身教的方式来教学，这对学生来说，只要不断练习就能够熟练掌握通过这几个原因就能够促使体育教师利用其条件在教学中进行就地取材来开展教学活动，进而一定程度上降低了学校对体育教学的成本；三是传统民族体育项目较简捷。在现如今社会发展的背景下，传统民族体育文化经过长时间的发展和变化，其中一些体育项目在比赛中操作的规则也变得十分简单，因而学生只要能够熟练掌握其技术要领就能够参与比赛。

三、高校体育教学融入传统民族体育文化的策略

加强培养体育教师对传统民族体育文化知识的掌握。在大多数的高校中都会存在教师对我国传统民族体育文化的偏差这种现象，为了解决这个问题，作为学校的负责人就要加大对其体育教师在传统民族体育文化的培养力度，关于如何培养，负责人可以通过组织体育教师到对传统民族体育文化教学经验丰富的学校去学习。只有这样才能够促进教师提高自身教学的综合能力。

教师在将传统民族文化融合到体育教学中时要根据实际情况来选择合理的教学组织方式。由于传统民族体育文化的特征与现代体育是不同的，因而作为体育教师，在将传统民族体育文化融入到教学中时一定要合理选择组织形式。关于如何选择，教师可以从以下几个方面来着手；一是教师要先了解所选的传统民族体育文化项目的种类，然后再按照它的特点来对其进行选择组织形式；二是，教师还要根据教学的实际情况以及学生身体素质的状况来进行针对性的民族体育文化。

综合上述总结出，将传统民族体育文化与高校体育教学相融合不仅改变了传统的体育教学理念，而且还传承了民族文化。作为体育教师在将民族体育文化融入到实际教学过程中时一定要根据实际的教学情况来选择合适的组织形式，这样才能够更好的提升其教学质量。

第六节　耕读文化在体育教学中的运用

近年来，中央一号文件都是关于农村的，其中指出农村教育是科教兴国战略的重要组成部分，要培养大批有知识、懂技术的农民，发展现代农业，这就需要广大高中学校培养出优秀的高中生。随着经济的快速发展，人们的生活观念发生了很大的变化，要求更好的

教育质量，要有更加强健的体魄。

通过体育教学与耕读文化的有机融合，大力弘扬"耕读、运动、关爱"三大主题思想，着力培育学生自强不息的精神、坚忍不拔的毅力，切实提升高中生的多样化发展。对此，本节对上述内容进行了相关探讨。

一、耕读文化的内涵

耕读是一种文化品位，这正是"耕道而得道，猎德而得德"。"格物致知"和"知行合一"的思想被融入读书的精神和旨趣之中。在中国历史上，耕读文化反映的是中国文人对于恬淡人生的向往。而在现代社会，人们更多地借耕读文化来保持人生气节，是一种健康的生活方式。有"读"之"耕"，可以明心见性，强健学生体魄、历练意志、修炼品行，掌握基本劳动技能；有"耕"之"读"，从而促使学生增长智慧，个性成长，担当家庭与社会的责任。

二、耕读文化与体育教学的融合

陶行知指出，学生应当积极参与社会实践活动，在实践中掌握知识，要将学习教育与社会生活相结合。因此，学校倡导以"阳光体育运动"和"社会实践活动"为支撑的"耕读文化"，学校特色就是要弘扬生活教育理论，鼓励学生在实践中学习、在实践中成长。建立以"阳光体育运动"为主要支撑的"耕读文化"特色，就是要全面促进学生"阳光体育运动"持续健康开展，提升体质健康水平，为全面发展打下坚实的身体基础。

树立健康第一的思想，深入开展"阳光体育运动"项目试验。以乒乓球运动和跳绳运动为抓手，依靠"一人一绳、一人一拍"（学生在校每人1根跳绳和1把乒乓球拍），大力开展体育运动，培育学生的健康意识和锻炼技能，养成自觉锻炼的习惯，切实把阳光体育思想落到实处。

（一）耕读理念在乒乓球教学中的运用

高中体育课堂是学生锻炼身体的主要阵地，因此，教师要重视课堂体育的锻炼活动，提升他们的身体素质。在我国，乒乓球是国球，也是一个世界流行的项目。在此情况下，我将乒乓球运动作为学校"耕读文化"特色建设的一个切入点，就具有深刻的现实意义。乒乓球运动在我校具有悠久的历史传统，是我校的传统项目。在学校进一步发展乒乓球运动的背景下，体育教师就需要加强指导工作，确保学生的运动时间，从而帮助他们拥有健康的体魄。

在讲授乒乓球时，我会指导学生展开积极训练，要求他们进行对攻，左、右手练习，注意身体动作的协调性和进攻的准确性。其中，学生要徒手进行步伐的训练，训练自身脚步的灵活性，提高身体的灵敏度。随着课程的进行，我发现有的学生心不在焉、有些疲惫，在此情况下，果断喊停，将他们召集在一起。我为学生讲述了我国乒乓球队的一些历史，讲述了乒乓球队员奋勇拼搏、勇夺世界冠军的故事。在讲述完后，我发现学生的精神状态有了很大的变化，每个人都想继续进行运动。通过奥运冠军的故事，学生能够体会到体育锻炼的艰苦性，磨炼了自己的意志，进而养成遇到困难不轻易放弃的意志品质，最终将自己锻炼成为一名拥有正确人生观和健康体魄的学生。

（二）耕读理念在跳绳教学中的运用

跳绳是一项非常有效的有氧运动。除了拥有运动的一般益处外，还有消耗热量、增强肺活量等很多独特的优点，特别是对心肺系统等各种脏器都有相当大的帮助，可以增加肺活量，减小患结核病的几率，从而达到强身健体、提升高考体检合格率、为高校输送合格人才的目的。跳绳运动所需的装备十分简单，只需一根绳、一身轻便衣服及一双适当的运动鞋便可。此外，跳绳还有不择场地、参与人数灵活等特点，是一项简单方便、容易参与推广的运动。因此，教师要进一步加强对这项运动的引导，促使学生在运动中健身，在健身中培养品质、磨炼意志。

根据高中生的身体特点，我在课堂上引入了跳绳运动，通过此运动来提升学生的身体素质和协调能力，但是由于初始的教学经验较为缺乏，导致教学手段单一，学生学起来很吃力，也没有兴趣。于是，我设计了花样跳绳的方法，通过多种练习方式（如单人、多人等），培养学生对跳绳的兴趣，使他们形成良好的团队协调能力，开拓其思维，从而实现全面发展。如，以跳大绳为例，我要求全体学生排成一队竖直的队列，指导他们按照各种动作（并脚跳、收腿跳等）前进。在此情况下，学生能够养成良好的团队协调能力，尽量地帮助跟不上节奏的其他同学，从而形成互帮互助的班级良好氛围。

随着素质教育的全面深入和学校自身发展的需要，走特色发展之路，提高课堂教学水平，既是时代的召唤，也是教师充分发掘自身潜力、适应社会快速发展的必由之路。作为教育者，我们有责任和义务深入思考、认真策划、扎实推进，为转变教育观念、促进教育发展做出积极的尝试和有益的探索。我提出"耕读文化"特色发展理念，将其应用于高中体育教学之中，正是基于学校实际情况提出的特色发展思路，也是推进课堂特色发展、科学发展的切实之举。

第七节　彝族传统体育文化融入高校体育教学及校园文化建设

运用文献资料、问卷调查、数理统计等方法，对彝族传统体育文化融入高校体育教学及校园文化建设进行研究，充分挖掘彝族传统体育文化的教育功能，提高彝族传统体育文化在高校体育教学及校园文化建设中的地位，开发彝族传统体育文化校本课程，形成特色办学。

彝族传统体育是我国少数民族传统体育之一，它源于人们的生产生活，产生于军事战争，起源于民风民俗并且与该民族的传统节日相结合，其表现形式为歌、舞，其内容包括：对英雄人物的纪念及崇拜，对美好爱情的向往，对丰收的喜悦等，是在一定的社会历史条件下，人们物质生活与精神生活同文化相结合的体现，是特定历史时期的产物。彝族传统体育文化是我国及世界文化宝库中的一颗灿烂明珠，是中华文化的有机组成部分。彝族传统体育文化在高校的传承是一项非常重要的传承内容，本研究在非物质文化遗产视角下，将彝族传统体育文化融入高校体育教学及校园文化建设中，旨在弘扬彝族传统体育文化，丰富高校体育教学内容，加强校园文化建设。

一、彝族传统体育的特征及传承现状

（一）彝族传统体育的特征

1. 民族性

民族性指各少数民族体育项目所表现出来的物质文化、行为文化、制度文化与精神文化中的特殊性与象征性，也体现出不同地域、不同语言、不同经济生活方式民族的传统体育文化的差异性。民族性是彝族传统体育最大的特点，同时也是最显著的特征，是在特定历史时期，彝族先民们在一定经济、文化水平条件下形成的，具有本民族风格形式及特色的体育活动，是区别于其他民族的本质特征。

2. 地域性

彝族主要分布在西南地区、云南省的昆明、四川省的凉山、贵州省的黔西，以及广西壮族自治区。特殊的自然生态环境，特殊的地理位置，独特的经济文化、宗教信仰、民俗节庆活动形成了多元化的民族文化的独特性。

3. 自然性

彝族传统体育起源于人们的生产生活，从彝族传统体育的起源可以看出它来源于自然环境，其动作的形式多来源于自然界的动物，同时所需的器材来源于生产劳动中，所用的场地来源于田间、地头、森林等。彝族舞蹈动作很多来源于人们劳作时的动作。

4. 传承性

任何一个民族的传统体育及文化能延续至今，都是一代一代人随着时间的推移、社会的发展传承下来的，彝族传统体育也是如此。

（二）彝族传统体育传承现状

彝族传统体育有几十项之多都属于非物质文化遗产，其中具有代表性的彝族传统体育项目有：摔跤、斗鸡、赛马、打磨秋、爬油杆等等。随着社会发展，人们对非物质文化遗产保护越来越重视，很多项目入选国家非物质文化遗产名录，还有很多项目被列为省市级非物质文化遗产名录，并且逐步形成了彝族传统体育的多级保护名录体系。随着社会经济的发展，西方体育的强势渗透，城镇化及风俗习惯、生活方式的改观，使彝族传统体育项目发生了巨大变化，很多项目逐渐被遗忘，甚至消亡。因此，传承与发展彝族传统体育文化，迫在眉睫。

二、彝族传统体育文化融入高校体育教学及校园文化建设的意义

（一）传承少数民族文化，弘扬民族精神

我国是一个统一的多民族国家，在几千年的文明发展过程中，创建了丰富的物质文化遗产与非物质文化遗产，它集合了人类的创造力、想象力及智慧，是人类劳动的结晶，同时也生动展示了人类文化的多样性。正如联合国教科文组织通过的《保护非物质文化遗产公约》中对非物质文化遗产定义一样，"非物质文化遗产"是指被各群体、团体，有时为个人视为其文化遗产的各种实践、表演、表现形式、知识体系和技能及有关的工具、实物、工艺品、文化场所。从该定义可以看出：非物质文化遗产见证了历史的发展，集中了具有重要价值的极其珍贵的文化资源，汇聚了各民族智慧与文明，是各民族特有的思维方式、想象力和文化意识的体现，是一个民族或族群文化生命密码的承载，也是民族精神文化的重要标识。彝族传统体育文化是我国民族文化中的一颗灿烂明珠，在高校体育教学中传承与发展彝族传统体育文化，可以弘扬彝族传统体育文化，从而弘扬民族精神。

（二）丰富高校体育教学内容，促进教学改革

随着时代的发展，现有的教学内容已不能满足学校的发展及学生的需求，迫切需要增加较多的体育教学内容，彝族传统体育项目种类繁多，简单易学，因此能顺应时代的发展，很多彝族传统体育项目顺其自然作为教学内容或者经过改编后作为教学内容，供学生学习。

为响应国家号召，促进学校发展，体育教学改革成了学校必不可少的一项任务。为了贯彻落实教育部国家、学校、地方三级课程管理制度，在国家《体育与健康课程标准》和地方《体育与健康课程实施方案》指导下，依据各校学生自身性质、特点、条件及可利用和可开发的体育资源进行体育课程改革。彝族传统体育作为符合这一要求的项目被纳入了很多学校体育教学改革。

（三）丰富校园体育文化，加强校园体育文化建设

校园体育文化包括体育物质文化、体育精神文化和体育制度文化。其中体育物质文化包括肉眼直观可见的体育场馆、体育设施、体育器材、体育服饰、体育用品等；体育精神文化包括：体育精神、意识、道德、价值观等；体育制度文化包括体育政策、法律法规、规章制度等。体育物质文化、体育精神文化和体育制度文化三项内容密不可分，相辅相成，缺一不可。彝族传统体育文化作为民族文化的重要组成部分，其有助于加强学校的体育物质文化建设，丰富学校体育精神文化建设，完善学校的体育制度文化建设。

三、彝族传统体育文化传承的原则

（一）以人为本原则

在彝族传统体育文化传承过程中以人为本原则主要体现在三方面：第一方面，要求在彝族传统体育文化传承过程中必须尊重人，这是保持其传承的首要条件；其次，以人为本体现在彝族传统体育文化在传承过程中必须依靠人来传承与发展，人是传承主体；第三，以人为本体现在彝族传统体育文化在传承过程中被传承人也是人，人是传承的客体。彝族传统体育文化传承过程中的以人为本的三个方面紧密联系，缺一不可，在传承过程中，不尊重人的传承会致使整个传承失去生命，传承的主体和传承的客体都是人，传承过程都需要人的参与，失去了传承人，彝族传统体育文化将无法传承下去，同样，没有了被传承人，传承过程也将中断。

（二）原始性和真实性原则

在传承与发展过程中要保持彝族传统体育文化的原生性、真实性，不能违背了它的原本的、真实的价值，否则就失去了传承与发展的意义及价值。尽管社会发生了变化，传承方式也发生了变化，然而彝族传统体育文化的原本性、真实性不能改变，这是其传承的"魂"，没有了"魂"，就失去了本身存在的价值。

（三）整体性原则

在彝族传统体育文化传承与发展过程中要保持彝族传统体育的整体性，必须与生态环境一起保护，同时还要保持彝族传统体育文化的文化整体性，不能零散地、局部地传承，否则也失去了传承的意义和价值。

（四）创新性原则

彝族传统体育文化在传承与发展过程中，除了保持已有的传承方式外，为了适应社会及经济的发展，为了避免彝族传统体育文化的衰落及消亡，在对其进行传承过程中要进行创新，这是彝族传统体育文化得以世代传承的关键。时代在进步，社会在发展，环境在变化，外来文化的介入以及民族之间的联系增多，都会导致彝族传统体育及彝族传统体育文化原本的生存环境发生变化，如果在传承过程中，没有进行传承创新，可能会导致彝族传统体育体育及文化的消亡。

四、彝族传统体育文化融入高校体育教学及校园文化建设的策略

（一）充分挖掘彝族传统体育文化的教育功能

彝族传统体育文化功能较多，其中最重要的功能是教育功能，其教育功能主要体现在：第一，传授生产及劳动知识，彝族传统体育起源于人们的生产生活中，很多项知识技能能

延续至今，离不开一代一代彝族人民的传授；第二，传授生存及生活技能，彝族先民们生活的环境基本属于山区，交通极为不便，生活环境较差，为了生存与生活，彝族人民必须一代一代传授生存及生活技能；第三，磨炼意志品质，彝族传统体育的很多项目对人类的意志品质磨炼都非常有帮助，比如摔跤等项目；第四，培养团队协作精神，增强民族凝聚力，彝族人民在几千年的发展过程中，在特定的历史时期，在特定的生存生活环境下，只靠某个人的努力想生存下来，几乎是不可能的，因此需要团队的协作，在这样的生存条件下产生的彝族传统体育项目自然就具备了培养团队协作的精神，同时，彝族传统体育项目在长期的发展过程中也增强了民族凝聚力；第五，传承民族传统体育文化，一项民族传统体育项目的产生、发展包含了一个民族的体育文化，在几千年发展过程中，一代一代传承的民族传统体育项目，同时也传承着民族传统体育文化。鉴于民族传统体育以上众多的教育功能，民族传统体育项目及民族传统体育文化传承最好的地方是学校。因此，充分利用高校这一教育场所，开展彝族传统体育，加强校园文化建设就成了必然。

（二）提高彝族传统体育文化在高校体育教学及校园文化建设中的地位

彝族传统体育文化是民族传统体育文化的重要组成部分，是人类集体智慧的结晶，必须要一代一代传承下去。在众多传承方式中，在学校传承是最佳的传承方式，由于学校有适合传承的场所、场地等，有传承的教师及接受传承的学生。学生又可将彝族传统体育文化传承出去，同时，高校还有进行科学研究的团队、研究中心、普及基地等，对彝族传统体育文化进行科学研究，将成果应用到传承上面，更有利于其传承。因此，在高校传承彝族传统体育文化过程中，要加强科研团队建设，加大经费投入，促进彝族传统体育文化传承。

（三）开发彝族传统体育文化校本课程，形成特色办学

在国家《体育与健康课程标准》和地方《体育与健康课程标准实施方案》指导下，依据各高校学生的情况及可利用和开发的资源，开发彝族传统体育校本课程，其目的在于提高高校教师的专业水平，满足学生需求，探索多元的人才培养模式，构建多元化的体育课程体系，从而形成办学特色。

（四）加强彝族传传统体育文化传承高校教师队伍建设

虽然高校教师具有较高的学历、较强的专业知识及业务能力，然而在传承彝族传统体育文化建设过程中还需要进一步加强学习。因为并不是所有高校教师对彝族传统体育都熟悉、精通，可以做到精准传承。

彝族传统体育具有民族性、地域性、自然性、传承性等特征，彝族传统体育文化融入高校体育教学及校园文化建设具有传承少数民族文化，弘扬民族精神，丰富高校体育教学内容，促进教学改革，丰富校园体育文化，加强校园体育文化建设意义。

第五章 中西方大学校园体育文化发展

第一节 中国大学校园体育文化的发展

高校校园体育文化是指在高校校园这一特定空间环境，呈现出一种以大学生为主体，以高校教师为主导，以多种多样的体育活动为主要内容，以校园精神为主要特征，具有独特表现形式的群体文化，是师生在体育活动中相互作用创造出的一种文化氛围。作为校园文化的重要组成部分，高校校园体育文化以其资源丰富、形式灵活、辐射性强、影响面广、效果显著而备受国家、社会和学校的关注。加强高校校园体育文化建设研究，构建新形势下高校校园体育文化建设新思维、新体系，进而最大限度发挥、挖掘体育的育人载体和平台作用具有十分重要的意义。

一、效能

（一）满足学生体质健康需求

健康体魄是学生个体生活学习得以保障的先决条件，学生的身心健康是学校体育的出发点和归宿。体育运动能促进人的身体形态发育和身体运动机能水平提升。体育文化活动对于增强体质、增进健康这一生物学价值具有十分重要的作用。个体通过自发或有组织的体育行为，可以使自身生物性能作用和效果得到最大化发挥。影响青少年体质健康水平下降的最主要原因是"主动运动不足"，而克服这一弊习的根本途径是促使青少年养成体育锻炼习惯。

（二）满足学生精神文化需求

"青少年儿童体育参与动机与坚持动机的首要因素并非是运动健身，而是享受运动乐趣"。感受运动愉悦性，体验、享受由运动引起的兴奋和愉快感，成为大学生自主参与体育运动的动力源。快乐体育指导思想，曾在中国学校体育发展史上占据重要地位，成为指导学校体育工作的重要思想，即便是现在，也是培养学生体育兴趣、爱好、特长的重要手段。体育对满足现代人的精神追求方面发挥着极其重要的作用，已成为人们精神生活不可或缺的一部分，参加体育活动可以使人亲身感受到体育本身所具有的魅力，及其带给人的精神享受，唤起人们心中对美的向往和追求。

（三）满足社会素质教育需求

体育是教育的重要组成部分，具有极高的教育价值，无论是从社会学角度，还是从发展角度，体育观念、体育精神、体育规则、体育知识等无不对学生健全人格形成、个性品德养成和社会能力提升等产生积极影响和导向作用。从教育学角度看，体育对素质教育的促进作用就是根据社会发展的需求，通过课堂教学、课外活动和竞技比赛等途径，对受教育者施加思想道德影响，开发智力，提高身体素质，完善心理特质，并通过受教育者的积极认知和身体力行，进而最终实现德育、智育、体育等综合素质的全面发展和提升。

二、体育文化的健康迅速发展

（一）深化体育课程改革，实现体育课程与社会体育文化的融合

体育教师不仅要传授学生体育知识和技能，更主要的是要使学生真正从身体、心理和社会适应等角度对体育有一个全新的认识和定位。"健康第一"观念成为学校体育教育的出发点和立足点，体育课程所要解决的应该是使学生终身受益的问题。对于一个学生而言，不在于他取得了多么好的体育成绩，掌握了多么好的体育技能，主要的是能否树立"终身体育"意识，并利用学校的体育设施自觉开展体育活动。对于一个社会人而言，能够结合体育健康需求，设计科学合理的运动处方，确保体育运动的时间、强度、频率，并能整合所掌握的体育知识、体育技能为其一生的体育行为提供知识上的服务和行为上的保障。

丰富多彩的体育内容、人性化的教学方法、精彩纷呈的活动及其所创设的物质环境、精神氛围，能使学生感受、体味到体育所带给人们的精神享受、成就感、自信心、挑战超越意识，从而实现由一门课程与思想观念、行为准则、价值取向等方面的认同。当学生认为自己的体育思想、体育行为具有一定的合理性、科学性时，就为自主的体育实践从理性动机上产生了可能。体育的传承、导向、教育等正向功能的立意、期待和实现，也会因体育课程与社会体育文化的衔接得以实现和延续。

（二）发挥体育社团辐射作用，丰富校园体育文化模式

体育社团是高校校园体育文化得以传承和发展最有效的平台，以其丰富多彩、喜闻乐见的活动形式，成为一支最具活力和影响力的校园学生社团。

发挥体育社团作用最主要的途径，是形成、推广、创新优秀体育社团，营造浓郁的体育文化氛围。

一是从挖掘、抢救、发展、弘扬中国传统体育文化角度出发，体育工作者、学生体育文化志愿者多维度对中华传统体育文化进行研究和解读，创新文化内涵，扩大影响力。舞龙舞狮、赛龙舟、踢球、武术等项目因具独特的中国传统文化元素，被更多高校社团所接纳，甚至已经在国外高校发展并形成社团效应。

二是从顺应时代潮流与审美欣赏角度出发，引导和鼓励有条件的高校扶持一些单项体育社团，在内容编排方面和技战术运用环节，力求体现"高、精、尖、难"的特质。例如，花样滑冰、高山滑雪、攀岩等项目，通过韵律、节奏、意境等专业审美元素，赋予高校体育文化以新的时尚气息。

三是吸纳接收具世界影响力和发展潜力的体育项目，加强同国外体育文化交流，如，瑞典的定向越野、英国的橄榄球、美国的垒球、韩国的跆拳道等。一些高校为适应大学生多方体育需求，扩大国际、国内校际交流平台，拓展体育教学资源，丰富教学内容，开设了相关体育课程，组建了运动代表队，并同国内外代表队进行比赛与交流，既丰富了体育教师的专业素养，又创新了体育教学、训练竞赛等内容。

四是对于一些常规性的娱乐、健身、休闲、竞技类项目，如，篮、足、排、乒、羽、网等社团，通过正规的教学、训练、群体竞技等形式进行相应创新，使其成为培养学生实践、锻炼社会能力的有效方式和途径。体育社团的社会实践性加强了社团与社团之间、校与校之间、学校和社区间的交流，提高了社会开放度，社团的规模、格局、形式也相应地发生了变化，繁荣了校园体育文化。

（三）打造品牌化高水平运动队，聚合体育关注度

高水平运动队是大学优秀体育教学成果直接而重要的体现，是教育部等主管部门对体育师资、教学环境、教学水平、运动训练与管理、体育文化积淀的认同。在普通高校正常招生的同时，教育部还会根据各高校的实际情况给予政策倾斜，允许其招收相应专业的高水平运动员。有关高校通过承办、参与高水平体育赛事，举办校内表演，融入校内竞赛活动等方式，提升校园体育文化档次，进而吸引和影响更多人关注与关心。组建高水平运动队并使之品牌化，已成为高校体育文化交流的重要手段和平台。体育总局、大学生体育协会在推广品牌化高水平体育赛事方面进行了精心策划与实施，历经多年实践，形成了常态化的篮球、排球、足球、台球等系列全国大学生超级联赛，向国家级运动队和顶级俱乐部专业队输送了大量人才。

（四）创设具有学校特点的体育传统和特色项目

学校体育特色项目对学校师生参与体育锻炼具有极强的示范性，对学校体育锻炼氛围的形成，具有极大的吸引、促进和带动作用，不仅可以满足大学生不同层次的需求和发展，还可以通过体育特色项目展示学校的办学成效和精神风貌。制订和实施体育课程、大课间（课间操）和课外体育活动一体化的阳光体育运动方案，创新体育活动内容、方式和载体，增强体育活动的趣味性和吸引力，着力培养学生的体育爱好、运动兴趣和技能特长。通过运动会、俱乐部、各单项比赛、体育节、早操及每天一小时的阳光体育活动等基本形式，做到年有活动计划，月有活动竞赛，周有活动安排，日有早间操等阳光体育活动，促使校园体育文化活动的开展常态化、多样化、科学化。让无时不有、无处不在的校园体育活动，精心布置和创设的体育文化氛围从生理、情绪、精神心灵和性格塑造等方面熏陶和影响学

生的体育理念和体育行为，实现高校教育模式、管理模式同体育文化的无缝对接。

第二节　西方大学校园体育文化的发展

一、西方体育文化特征探析

就西方而言，体育文化演化按照不同的时代文化主题大致分为三个发展模式：第一是古希腊时期。人从宗教神话即对自然本质的探索中转向认识人自己。人成为衡量万物的尺度。思想家以朴素的情感开辟了对人的世界的认识，社会文化的人文精神表现为人类自我意识的觉醒，体育则被作为人文学科列入公民教育的范畴。第二是从文艺复兴开始的近代资产阶级的教育中表现出来有别于古希腊时期的身心全面发展的体育教育，此时期的体育以反对神性，倡导世俗生活和科学精神为旗帜。第三是西方的现代体育，它强调人的非理性作用，抵制科学理性主义对人性的窒息，从而弘扬人性，以非理性主义的方式来纠正人性发展过程中的错误，全面维护人的身心健康权利。西方体育代表了西方人文体系。它在维护人的健康生存权方面特别注重健康方法与手段，以法律的形式保护人的健康生存权。

然而，西方体育文化受到西方海洋文化的影响，表现出对现实利益的积极向往，追求在平等的基础上开展竞争，努力获取个人的最大利益。与农耕文化影响下的稳定、无争的中国传统体育有所差异。在此基础上，使得西方社会很早便形成了个人本位主义与功利主义的处事原则。他们非常崇拜力量的爆发与强烈的竞争，特别是在古代奥林匹克运动上表现得十分明显。形成一种以新教伦理为核心，综合运用科学实验、解剖学、生理学、现代医学等，注重力量与速度之美，重外在形体美，重视对人生命的展现的"物理体育"。因此，西方人普遍推崇健美强壮的体魄和灵巧矫健的运动，并愿意为此付出艰辛的努力。

二、个人为中心：西方体育文化之社会本位

古希腊是西方体育文化的发源地。由于三面环海，耕地较少的地理局限，古希腊人的生活与海洋息息相关。他们在向大自然挑战的过程中，并逐步养成心胸开阔、勇于开拓、敢于进取竞争的民族性格。同时，希腊社会的世俗化和人格化，促使古希腊人独有的人体审美意识、娱乐意识得到了充分的发展，即从个人原则和人格意识出发而形成的体育风尚，建构了以个性的发展、个人生命力的展现为主体的西方体育，并在西方社会世代传承和发展。

至中世纪，由于西方社会神权凌驾于王权，一切都被宗教和教会所支配，从根本上已被否定了人的世俗价值，因此，体育被禁止。只有骑士体育和游侠体育作为体育运动项目的唯一形式被保存下来。直到宗教的改革发展被近代文艺复兴运动推动后，才确认了"灵

魂与肉体统一"的辩证关系，为体育的发展扫清了思想障碍，打开了现代体育的时代大门。新兴资产阶级更加明确地提出了以"人为中心"的人文主义教育理念。

西方体育文化中的个人或者自我是独立的，是与他人相分离的，具有个人精神的个体。这种以个人人格为主体的社会大力倡导个人奋斗，从而使"个人主义"成为一种人生哲学和价值标准，是西方体育文化中的一种主导精神。"利己"性是西方体育文化的核心内容；"冒险、张扬、自由、竞争、平等"是一种典型的以自我发展为中心的为人处事原则。因此，在西方价值观中以"竞争为贵，物竞天择，适者生存"的信条与德行从而确立。

以个体为中心的西方体育文化便在这样的理念下由此而生。在比赛中，他们的参赛动机与原则几乎都是代表个人而参加，参与各种体育赛事活动纯粹地出于个人的意愿，尊重自我的兴趣爱好，特别在一些世界性的大赛中表现得尤为突出。他们从事体育竞赛坚持的是个人权利，尊重裁判与规则，重视契约关系。在竞技体育运动中，充分肯定个人奋斗目标与个人价值的实现，进而将个人英雄主义推向极致。

三、多元化文化：西方体育文化之发展模式

以海洋贸易为主的商品市场经济一直以来都是西方体育产生与发展的经济基础。互通有无，最大利益化以及开放性和外向性的特点是西方商品经济的核心。西方人多样化的生活方式在这种人文背景与经济基础的特殊性下所铸成，再加之傍海而居变化无常的气候与恶劣的生存条件促成了他们敢冒风险和顽强抵抗的个性。他们奋发图强、敢于拼搏、努力开拓对外的生存资源，倡导以个人为中心的"个体竞争与自由"，他们的生命潜能和智慧在这种拼搏进取中得以充分发挥。西方历史发展的一个典型特点就是它的文化具有多元性与分散性，呈发散性，使得民族的划分也具有多样性和地域上的分散性。特别是文艺复兴以来，西方体育文化的发展充分证实了这一特征。

不同的文化背景与不同民族、国家所产生的不同体育文化，在融入西方体育实践的过程中，不但没有受到排斥，相反还被很好地融为一体、合二为一，同时，在人们选择运用这些体育运动项目时也体现出鲜明的"多元化"文化特点。不同民族、不同区域、不同文化背景的丰富多彩的各种游戏、娱乐项目汇集成了西方体育文化，相互间再经过不断的融合发展，最终形成了西方体育的完整体系，并成为当今世界体育文化的主流。如令世人瞩目现代奥林匹克运动，就是西方体育的多元化人文价值观对世界体育的巨大贡献。

四、传承与借鉴：中西体育文化融合下的大学体育

在不同文化的影响下，形态各异的体育文化通过各种媒介对中国大学的体育发展与演化产生着巨大的感染力。不仅使中国大学体育极具韧性、惰性和保守性，而且还滋生了中国大学体育"重智育，轻体育"的显著特点。这一特点缺乏对体育育人功能的认识，只突出了体育的政治功能，体育活动的群体性、技艺性和表演性得到充分的展现，但学生内在

需求与身体文化、审美意识都没有得到良好的发展。其主要表现为：当前中国大学体育从形式、内容、组织体系等虽然相仿于西方，然而大学体育仅掌握其形，而未继承其神。如：校级运动会目前在中国各大学中基本形成传统，但能正确认识校级运动会的价值和功能的学生及教师们只占极少数，严重影响到他们对校运会的重视程度和参与激情。此外，在当前中国大学体育课程中由于受中国传统体育缺乏系统科学的锻炼方法，缺乏专门化的比赛规则的影响，使得大学体育课程中长期以传统武术、娱乐、养生太极、健身气功等传统武术为主，中国其他传统体育项目很少纳入其中，这在一定程度上阻碍了大学体育课程的改革与创新。由于中国古代体育活动几乎都从属于其他社会活动。因此，相关体育活动之间缺乏必要的内在联系，体育课程因而也未能形成一个相对独立的理论体系。

西方体育讲究竞争、追求效益，重契约规则。在这种背景影响下，西方的大学体育在训练的方法上注重对人体在运动中健美肌肉的训练，注重对人体外形的审美，强调身体的外在运动，提倡对人身体素质潜力的挖掘，从而提升人体竞技水平，使自己的精神充实而满足于其中。在运动方式的解剖上，重知行分析、讲究物理等力学原理，重视对人体结构的解剖和生理机能的探索，用科学的研究方法与实验来追求最激烈的对抗和竞技。在此基础上，形成了一套系统的科学理论支撑，有了明确的比赛规则和严格的场地器材要求。因此，大学体育竞技运动在西方国家开展得如火如荼，备受重视，也因此而成为大学教育的重要组成部分。如：耶鲁大学是常春藤校盟诸校中校队最多的学校。诸所学校之间的体育竞赛是大学的大事，在竞赛中培养美国人引以为豪的竞争精神和团队精神。尽管学校不设置专门的体育必修课，但是80%以上的学生都参加各种体育运动和比赛。学生在比赛中丰富自己大学课余文化生活，培养自我的团队协作与审美能力，以及公平竞争意识和顽强拼搏精神。

我国的大学教育在看待大学体育价值观方面存在着明显的倾斜性。不是偏重于大学体育的物质价值（运动技能与身体素质的提高），就是偏重于精神价值（终身体育意识、审美鉴赏能力、吃苦耐劳精神的提高等），其区别主要在于各自学校的传统与理念。如：清华大学和北京大学都十分注重大学体育在国家政治利益方面发挥的政治功能。清华的大学体育理念是秉承"为祖国健康工作五十年"；北京大学的大学体育秉承的是"科技与人相融，育体与育心并重"的理念。美国的大学与之不同，他们两者兼顾，力图寻求物质和精神在发生碰撞时的最佳融合点，对大学体育发挥的综合价值更为关注。如：耶鲁大学在培养人的品质与人格时，兼顾了"发展身体力量、速度、柔韧、耐力"和"磨炼意志与培养精神"两个功能，实现培养优质人才的目标；哈佛大学则将"个人荣誉"确定为大学体育的"物质价值"和"精神价值"两个功能的一个"结合点"。这一"结合点"就是对哈佛大学学校荣誉的彰显。因此，哈佛大学认为只有为学校争得荣誉才是最重要的价值。

第六章 高校体育教育与文化发展的实践研究

第一节 高校体育教育的文化内涵与发展路径

随着社会的发展，体育文化越来越成为一个非常重要的文化现象和资源，体育文化也因此成为体育内涵式发展和可持续发展的重要推动力。故而，高校体育教育毫无疑问肩负着体育文化教育的重任。高校体育文化应着重从以下方面构建：深化教学改革，挖掘体育文化资源；构建体育文化体系，促进体育与社会互动发展；强化文化批判，引导体育文化健康发展。

"体育文化"一词，早在1818年就由法国学者 G·A·菲特在《体育史》一书中提出，然后被广泛地加以解释和使用。尽管目前众多学者对"体育文化"概念的解释、适用范围的认识尚有争议，但其基本观点趋向一致。随着社会的进步，体育科学的诞生和发展，体育的文化内涵逐渐被人们所发现和重视。然而，目前我国高校尤其是体育院校的体育教育却常常忽略了体育文化这一特性。主要表现为：目前我国体育教育普遍形成了一种偏重技能教学的路径，将体育作为一种单纯的技术性学科，教学内容忽略了对体育的文化意义和文化内涵的教学；现阶段许多高校的校园体育文化建设滞后，校园体育场所较少、体育活动单一甚至贫乏；对体育文化的深度挖掘不够，还停留在表面的体育项目的历史根源这一基础性认识，而对体育与社会发展过程中体育文化的丰富性认识不足，研究更不足。随着社会的发展，体育文化越来越成为一个非常重要的文化现象和资源，体育文化也因此成为体育内涵式发展和可持续发展的重要推动力。因此，高校体育教育毫无疑问肩负着体育文化教育的重任。

一、高校体育教育的文化内涵

体育具有重要的文化内涵，具有重要的文化教育功能。在当前体育地位越来越凸显重要性、体育的社会化程度越来越高的情况下，我国高校的体育教育理所当然担负着体育文化传承与创新等一系列文化建设的重任。毕竟，在体育文化的发展方面，没有任何一个机构能超越高校的体育教育。同时我们知道，现代大学的本质是在积淀和创造深厚文化底蕴的基础上对文化的传承、研究、传播和创新。高校是一个文化实体，文化是高等教育对社会的作用方式和作用点。因此，当前我国高校尤其是体育院校的体育教育，应该加快自身的教学改革，转变传统体育教育观念，从体育训练和技能教学转向体育文化建构。

（一）高校体育教育应强化体育文化的传承

众所周知，教育最基本的三大要素是教育者、教育资料、教育对象。如果说教育者是文化的"活化"，是一种人格化了的文化，那么教育资料便是一系列符号化了的人类文化，是一种固化了的文化，而教育对象就是人类文化的接纳者、保鲜者，以致使得文化常传常鲜，绵延不断。从这三者的关系不难看出，教育始终扮演着文化传承的角色，是人类文化的社会遗传和再生机制。学校教育对文化的传承，一是通过教育使文化信息迁移到下一代，让他们成为有知识、有文化的人，成为文化的载体和储存者；一是通过教育使下一代掌握文化传承的方法与手段，确保文化能得到有效的传承。高校的体育教育作为一种专业化的教育和高等教育，不仅要实行体育技能等基础性的教学，还应该从体育文化的高度进行整体化、系统化的教学，进而充分挖掘体育的文化资源，传承体育文化。

（二）高校体育教育应实现体育文化的再生产

人类学家格里库里·贝特森强调了这样一个观点："文化本身是复杂的，学习文化的过程也是复杂的，从某种意义上看，每一代人对他们自己的文化，而且重新结构自己的文化。"当前社会，"体育热"已经席卷全球，体育已经演变成一件引人注目、耐人寻味的社会文化现象。随着社会生活的发展，体育文化的内涵也在不断丰富和发展，除了传统的体育文化之外，许多新的体育文化现象也层出不穷。大型体育赛事如：奥运会、世界杯、NBA等成为新的体育文化现象；体育场馆如，鸟巢、水立方孕育着新的体育文化资源；体育明星消费成为当前体育文化消费的新趋向，这些体育文化现象的形成和发展，需要我们高校体育教育发挥体育文化的再生产功能，从学理上认识和建构这些体育文化。

（三）高校体育教育应引导体育文化的发展

我们正在迈向一个消费主导型经济的时代。这种消费经济实际上是一种建立在个体审美体验基础上的大众经济，是一种"以服务为舞台，以产品为道具，以消费者为中心，创造能够使消费者参与"的消费活动。正如社会学研究所指出的那样："许多年以前一个人如果难受，不知如何是好，他也许上教堂，也许闹革命，诸如此类。今人，你如果难受，不知所措，怎么解脱呢？去消费，消费在当代西方社会已成为一种主要的社会活动。"这一段话非常形象地说明了消费在现代社会中的作用。伴随着我国消费主导型经济的到来，体育消费也日益显示出在消费市场中的重要作用。正是在这一商业化社会中，体育文化已经成为一种重要的经济资源，体育文化产业也逐步被纳入国民经济发展的体系，成为一种新兴的文化创意产业。目前，我国体育文化创意产业主要有体育用品业、体育竞赛转播权、体育博彩业、体育广告业、体育明星产业等方面，但是这些体育文化产业的发展处于起步阶段，市场还很不完善，因此，高校体育教育应该加强其理论前沿特性，正确引导体育文化的发展。

（四）高校体育教育应积极开展体育文化批判

随着大众传播技术的进步以及信息社会的到来，大众文化对人们的影响与日俱增。然而，大众文化是把双刃剑，它所宣传的内容良莠不齐，有一些甚至非常不利于青年学生的健康发展。在这个问题上，体育文化领域存在的问题也越来越突出，比如，当前的体育明星崇拜消费现象尤为突出，特别是经过与大众文化相伴生的大众传媒与视觉文化的渲染，体育明星作为一种产品供大众消费的势头甚嚣尘上，进而形成了一种畸形的体育明星的文化消费现象。然而，许多高校不但没有发挥文化批判的功能，反倒被社会文化所引导，出现了形形色色的校园亚文化。高校文化与大众文化的过分融合，使青年学生的文化批判精神丧失，使高校与社会文化的主客体角色发生了颠倒。高校体育教育应打破一味迎合社会需要的局面，有意识地选择、批判渗透到高校中来的社会文化，发挥高等教育的主体价值判断的作用，积极开展体育文化批判，对其优劣进行文化剥离。在此基础上，肩负着文化纠偏责任的高校还应该广泛开展与推进审美文化教育，引导青少年健康成长。

二、体育教育文化内涵的发展路径

目前，在高等体育教育实践中，只有少数学者对体育文化教育的理论与实践进行了研究，体育文化教育的实施并没有引起足够的重视，有的教师也知道实施大学体育文化教育的意义，然而不知道在教学实践如何实施。鉴于此，笔者以为高校体育教育的文化内涵发展主要有如下路径：

（一）深化教学改革，挖掘体育文化资源

体育课程是学校体育教育的核心问题，它集中体现了体育教育的目标、反映了体育教学的内容、决定了师资培训的规格，对体育教育具有重要的指标作用，它担负着培养与发展学生身体素质和体育能力的重任。目前我国体育教学所使用的教材内容陈旧单一，对体育文化资源的挖掘比较单薄甚至处于缺失状态，因此体育教材的内容改革势在必行。此外，要将体育课程看作一种文化实践，体育课程的现代化发展应着眼于课程文化、教材文化和课堂教学文化的重建，在体育课程目标、课程内容、教材内容、教学行为方式等方面做出调整。这将有利于激发体育教育理论界对体育课程现代化发展和改革路向做出进一步的思考，而这种思考又将会为体育课程理论与实践的发展带来新的可能。

总之，当前体育教学的改革，应该从文化的视角审视体育课程、教材和教法，增强体育课程文化的自觉意识，拓宽体育教材的文化内涵，提高体育课堂教学的文化品位，培养具有良好体育素质和文化素养的创新人才，进而构建具有时代性、开放性、民族性的体育课程。

（二）构建体育文化体系，促进体育与社会互动发展

体育文化是一个系统而复杂的工程，也是一个随着社会发展内涵不断丰富的文化范畴，

在高校体育教育过程中对体育文化的传播难免显得烦琐而不得要领。因此，当前我们的体育教育应全面系统地调查和挖掘体育文化资源，建构出富有特色的体育文化体系。需要注意的是，这一体育文化体系的建构应该包含两个层面的内容，一个是内容层面，即体育文化体系的涵盖内容，另一方面是策略层面，即如何实现体育文化的合理发展。具体来说，这个体育文化体系应该包括以下内容：运动员的文化教育、体育（明星）人物的形象建构、体育赛事的文化品牌、大众体育活动的文化内涵、传统体育的文化价值、休闲体育的文化建构、体育场馆的文化内涵、城市体育文化等。此外，这个体育文化体系还应该包括以下策略性内容：体育文化的传播策略、体育文化的创新策略、体育文化的营销策略、体育文化的制度化生成等方面。总之，当前我们的体育教育只有建构出一套完整的富有特色的体育文化体系，并将体育文化融合进社会文化建设和发展中，促进体育与社会的互动发展，才能真正实现体育教育对社会的推动作用，进而提升体育的文化内涵。

（三）强化文化批判，引导体育文化健康发展

体育文化产业对于社会发展的意义，今天已越来越为人们所认识。然而，在大力发展体育文化产业的同时，我们不能无视和回避体育文化的产业形态本身所可能带来的一些负面影响。毕竟，体育文化的产业化发展与传统的体育文化创造之间的区别在于，体育文化产业要服从经济规律，考虑投入产出、利润等问题，这在一定程度上背离了体育文化创造的使命，因此以经济利益分向完全取代人文价值分向的体育文化产业发展，对体育文化的发展会造成不利的影响。如何即使体育文化的产业化发展能推动体育文化的繁荣，同时又能尽量减少体育文化的产业化发展所可能带来的负面因素，这是我们在发展文化产业时所必须思考的。我国高校的体育教育对此具有不可回避的责任。高校体育教育应该对体育文化产业进行理性分析和批判，在思维阈限与价值取向范畴内为体育文化产业的发展廓清道路。

正是体育蕴含着丰富的文化内涵，作为传承体育文化、担当体育教育重任的高校应该切实加强自身在教育过程中的文化功能，提升体育教育的文化内涵，注重强化体育文化的传承、实现体育文化的再生产、引导体育文化的健康发展、积极开展体育文化批判等内涵建设，通过深化教学改革，挖掘体育文化资源；构建体育文化体系，促进体育与社会互动发展；强化文化批判，引导体育文化健康发展等发展路径，加强体育教育的体育文化辐射功能，提升体育教育的文化引导力。

第二节　体育教师教育文化传承与发展

传统体育是集表演和竞技于一身的活动，具备了动作优美、和谐的特征，像书法、龙舟、剪纸等都体现出了传统文化美感。这些动作阴阳对比、动静结合，充分体现出了传统

文化中和谐的理念，这些传统体育文化对于校园文化而言是一种极大地丰富，使得学校的教师与学生都可以感受传统文化所蕴含的感染力，使其更加容易接受传统文化。除此之外，传统体育能够加强与西方国家沟通的桥梁，使其成为宣扬我国传统文化的主要载体。

一、文化传承在高校体育教学中的价值体现

高校体育教学改革的基本目标就是转变当前社会将竞技体育作为核心的教育模式，实现传统体育与竞技体育的有效融合。我国传统体育更加强调强身健体与修身养性，这种理念始终蕴藏于传统体育教学当中。高校传统体育教学改革有助于将社会教育、家庭教育以及学校教育结合起来，充分激发体育教学本身的持续性，以强身健体为终身教学目标。传统体育通常对场地硬件设施没有过多的要求，方式更加的简便，能够实现在高校的普及以及推广，有助于培养学生终身体育的习惯。与此同时，传统体育作为我国民族文化的重要组成内容，体现了我国各个民族传统民俗、风俗，带有强烈的民俗色彩，可以在体育学习中充分激发学生的民族认同感以及自豪感，从而产生凝聚力，推动产生民族向心力。

二、影响文化传承的因素

（一）价值观的转变

当前，人们已经开始习惯于使用物质作为标准来衡量一切事物。传统体育作为一种更加注重修身养性的活动，无法满足人们短期收益的要求。随着人们生活节奏的加快，在空闲时间，大学生更加喜欢玩玩游戏和看场球赛，没有人愿意思考传统体育项目中所蕴含的文化元素。人们对于娱乐项目的过分追求，远超对传统体育的热爱。相较于现代体育项目来说，传统体育更加注重培养人们持之以恒的精神，由于其本身包含了晦涩难懂的文化内涵，缺少现代运动的那种酣畅淋漓以及放纵愉悦的感觉。因此，传统体育开始逐渐的远离我们的生活，不被人们所接受，很多传统项目已经被遗弃。

（二）专业素养的欠缺

我国高校中，传统体育的开展情况不容乐观。高校传统体育的教学中过分注重理论知识的讲解和动作技巧的训练，忽视了文化的传承。很多专修传统体育教育的教师，文化底蕴都不够深厚，再加上他们在训练与学习的时候，过分关注动作的舒展性与完美，对于传统文化没有进行深入的研究，无法很好的掌握以及了解传统文化的精髓，故而，在他们走上讲台，理论知识特别是传统文化知识的欠缺使其教学存在着先天的缺陷性。毋庸置疑，这种传统体育教学会导致学生对于传统文化的认知停留在表层，不单单会影响学生对于传统项目的兴趣，同时也会影响到高校中传统体育文化的传承。

（三）教学方法单一

当前，高校传统体育教学过程中，学生只能够学到一些浅层的，没有深刻内涵的虚动

作，由于缺少必要的引导，学生不仅很难去领悟传统体育各个动作所蕴含的文化底蕴，同时也无法理解动作的内涵。在组织教学的活动中，现在各个高校基本上都使用西方教学模式。传统体育项目作为本土化的东西，西方教学只能够体现出其外在运动形式，传统体育当中所蕴含的文化内涵很难得以体现，致使得传统体育教学沦为虚设的空壳，丧失了其本身具备的东方文化色彩。同时在选择教学内容上，也只是将体育动作作为主要内容，技术动作朝着竞技方向不断发展，技术内容更是呈现出了两极化的态势，传统体育项目多为一体的教学方法难以被高校体育教师所采用。在这种体育氛围下，传统体育很难展现出传统文化，学生更加无法理解传统体育项目内蕴含的文化内涵，同时也无法传承传统文化。正是由于对传统体育认识上的偏颇，造成了现在传统体育教学方式单一化、教学内容简单化的倾向，很难满足学生的差异化需求，从而对武术的发展以及传承产生重要的影响。

三、体育教师教育文化的传承和发展

（一）营造良好的体育教育氛围

中国传统文化有着悠久的历史，同时蕴含了丰富的内容，其本身具有浓厚的趣味性。因此，趣味性需要作为传统体育项目教学的入口。在日常教学过程中，教师需要使用现代化的教学工具，促使得学生可以更直观、系统和形象的走入到历史当中，感受传统体育项目的博大精深。与此同时，教师要采取启发式以及引导式的教学方式，让学生可以在愉悦的课堂氛围中探讨以及研习中华传统文化，将传统体育项目从技术教学转变为文化传承以及中华文明的讨论上，使得学生能够在技能以及文化两个层面都获得愉悦的情绪以及成功的体验。学生在学习的时候，可以适当地举办关于传统体育项目理论知识的演讲或者是竞赛活动，组织学生进行传统运动项目的表演活动，让学生感受到其中的快乐。还可以邀请专业的传统项目专家以及名师举办专题讲座，促使得学生可以更加深入的掌握传统体育项目的精髓。还可以组间社团，招收那些喜欢传统体育项目的学生，共同努力，传承传统文化。要采用多元化的活动使得学生可以从不同的层面理解传统体育，从而自觉的传承传统文化。

（二）培养体育文化意识

传统体育项目是将身体作为载体，其不仅是一项活动形式，同时也是一种活体文化。所以，传统体育教育不能够单单停留在对传统体育技能方面，更加需要培养学生传统文化意识。现在很多的传统体育项目都是将动作作为主要表现方式，尽管文字载体中已经记录了其练习方法和基本的动作要领，然而很难记载其本身所蕴含的文化内涵。因此，在开展体育教学的时候，教师不单单要指导学生养成良好的技术，同时更加要注重灌输学生传统文化理念。比如传统武术在行为方面要遵守儒家伦理道德思想。从技法上看，又会融入道家的阴阳思想。同时还会渗透有佛家禅悟，最终形成的一种独特的锻炼形式，其理论与技术彼此依存，缺一不可。只有学生充分的掌握了传统体育文化，才能够感受到传统体育项目的精髓所在。传统体育项目更加注重对锻炼者德行操守的培养，因此，在传统体育项目的教学中，在倡导以武术文化作为核心的技术传习的基础上，还要让学生懂得做人的道理，实现传统体育项目育人和树人的目标，这样才能够更好地发展以及传承中国传统文化。

第三节　高校体育教学与传统文化教育融合发展

传统文化是中华民族智慧和知识力量的象征，高等教育是现代教育的主要载体，有义务通过其教学活动实现传统文化的传承和发展，同时我国目前的高等教育模式和体制深受西方教育的影响，将传统文化与高等教育教学理念进行融合，能够实现中西文化在高等教育中的融合和均衡，以促进我国高等教育实现更健康的发展。伴随社会对于国民身体素质关注程度的不断提高，高等体育教育的教育使命更加艰巨，如何通过体育教育提升当代大学生的身体综合素质，成为时代赋予高校体育教学的重要使命。将体育教育与传统文化教育进行融合，能够提升学生对于现代体育教育以及传统文化的认知，对其融合发展途径进行探索，对于促进高校综合教学目标的实现具有重要意义。

一、高校体育教育与传统文化教育融合的重要意义

（一）传统文化精神理念有助于学生对体育精神的理解

体育活动不仅是一种运动形式和肢体动作的表现，更是体育精神理念的传达，很多高校学生进行体育课程学习，缺乏对于体育精神的理解，将体育运动理解为机械运动，因而致使其对于体育教育产生排斥心理，制约教师相关教学活动的开展，将高校体育教育与传统文化教育进行融合能够增进学生对于体育精神的理解，使其能够认识到肢体动作中隐含的文化内涵。比如：传统文化中的"以和为贵"、"以柔克刚"等精神意旨都能够在体育运动中得到体现，"坚持不懈"、"拼搏进取"等传统文化精神也能够在体育教学实践中得到践行，学生增强对于体育项目和运动精神的理解，能够有助于促进其对于体育运动更为深入的学习，提升其运动素质的同时，更有助于提升学生的人文意识。

（二）高校体育教育与传统文化教育融合有助于学生体育运动技能的提升

高校体育教育重视体育运动技巧的传授，学生需要掌握相应的技巧，并通过不断的训练，实现其运动技能的提升，而机械式的教学和训练方式使学生的体育学习过于形式化，自然是运动技能提升受到制约，传统文化精神理念中有更多关于人性和生活的理性以及感性思考，学生在成长的过程中也深受传统文化影响，产生具有中国传统思想特征的思维模式，高校体育教育与传统文化教育融合能够实现中西文化的交融，学生对于传统文化精神理念的深入解读，并将西式教育文化中的开放意识和创新意识进行灵活应用，促使其在学习过程中，能够应用其思维模式进行自我反思、总结、突破和创新，使学生能够在不断的

体育运动实践中，总结自我并完善自我，并在教师的有效指导之下，从而形成体育运动技能的提升。

二、高校体育教学与传统文化教育融合发展的可行措施

（一）教师教学理念的融合

教师作为教学活动的引导者，进行教学活动与传统文化教育的融合首先需要进行自身教学理念的融合，将中国传统文化的精神内涵与西式化的教学活动进行有机结合，科学的教学方法是关键，将传统文化的精神在体育运动中进行体现更是关键，体育运动中蕴含了众多的文化内容和精神内涵等待挖掘，教师重视传统文化教育与体育教育的融合，便会在其思维意识的引导之下，对于教学内容的精神内涵进行深入挖掘，引导学生不仅进行体育运动形式的学习，更是对于体育精神以及文化力量的见习，从而促进高校体育教学目标的实现。

（二）高校体育教学与传统文化教育内容的融合

中国传统文化涉及范围众多，多蕴含的具有教育价值的文化理念也不胜枚举，教师可以将体育教育与传统文化教育内容进行融合，使体育教育与人文教育实现形式和内容上的和谐统一。不容置疑，体育运动也是文化的重要表现形式，教师进行体育运动动作的讲解示范过程也是对于文化的传播过程，因而教师即可以通过现代体育运动内容的讲解，使学生能够体会到其对于传统文化精神，也可以进行传统体育运动项目的教学指导，使学生能够提升对于传统体育文化的认知，实现体育教育与传统文化教育内容的融合发展。

（三）高校体育教学与传统文化教育方法的融合

传统高校体育教育采用西式教育模式，重视口述和演示，而传统文化教育理念中则更重视心传，进行高校体育教学与传统文化教育方法的融合，能够将口述、演示以及心传进行协调应用，师生之间的教学交流不仅限于口语表达，更重视动作引导以及无形熏陶，学生在对教师的引导动作和传授方式进行自我揣摩，有助于促进其对于教学内容的深入理解，并能够实现自主思维方式的应用，实现其表现方式的创新，实现了对高校体育教育和传统文化教育的继承以及创新，师生之间的教学过程转化成共同交流的过程，调动了学生参与体育学习的主观能动性，从而促进教学目标的实现。

目前我国高校体育教学明显受到西式高等教育模式的影响，其教学理念与学生的学习理念存在一定程度的脱节现象，将高校体育教学与传统文化教育进行融合，能够有效实现中西文化的相互渗透和融合，契合中国大学生的主观思维认知，促进其对于体育精神的理解以及体育运动能力的提升，教师可以通过教学理念、教学内容以及教学方法的融合，实现二者之间的融合发展，形成体育教育形式和精神的协调一致，进而促进学生体育学科学习兴趣的提升。

第四节 "双一流"引领下体育教师教育文化发展

高校教师教育文化作为教师文化生态的重要组成部分，对教师教育工作起价值引领、行为规范、品格形塑和氛围烘托的作用。而高校体育教师作为高校体育工作不可或缺的一部分，在国家统筹推进"世界一流大学和一流学科"建设的背景下研究高校体育教师教育文化，既具有时代意义，也有利于提高体育教师的教育文化素养，从而对于提高广大高校体育教师的教学实践有一定的促进作用。

一、"双一流"的形成背景、要求、目标

为实现"两个一百年"奋斗目标和中华民族伟大复兴的中国梦，提升中国高等教育综合实力和国际竞争力，中央全面深化改革领导小组于 2015 年 8 月 18 日第 15 次会议审议通过《统筹推进世界一流大学和一流学科建设总体方案》，决定统筹推进"建设世界一流大学和一流学科"。方案对世界一流大学和一流学科建设实行建设与改革并重，确定了建设一流师资队伍、培养拔尖创新人才、提升科学研究水平、传承创新优秀文化、着力推进成果转化等五项建设任务。明确了加强和改进党对高校的领导、完善内部治理结构、实现关键环节突破、构建社会参与机制、推进国际交流合作等五项改革任务。

二、相关概念的辨析

研究体育教师教育文化需理清几个与之相关概念，首先，体育教师教育文化属于教师教育文化的范畴，而教育文化又属于文化的范畴；同时，也需理清教师文化和教育文化的关系。

（一）"文化"与"教育文化"

"文化"一词，其内涵在国内外是有巨大差异的。在国外，尤其是西方国家中，"文化"一词更多与社会自然界的物质相联系，主要指与自然界原始状态不同的经过改造后脱离原始状态的内容，具有更多的物质功利色彩。"文化"即指人类在改造自然界的过程中，对自然界和人类社会形成了各种各样的认识，并以语言、文字、动作、工具等形式保存下来，通过特定的形式（比如教育等），将那些被认为正确的认识，即可以形成共同规范的认识，保留与传承下来的过程与结果，也就是"人文教化"的意思。

在"文化"概念的基础上，形成了教育文化的概念。教育文化是一个民族或群体在教育活动中所积淀的教育精神、教育风尚及其外化物。教育精神和教育风尚属于教育的精神层面，是指教育活动中价值观和思维方式的总和。教育外化物主要指包括：教育制度、教育器物和教育行为。

辨析"文化"和"教育文化"的概念，首先应认同"教育属于文化领域"的观点。教育作为一种文化活动，其价值是文化的传递，而教育文化作为一种文化，决定着文化的发展。教育文化是人们长期教育实践的经验积累，教育文化与政治文化、经济文化、宗教文化等具有同等地位，教育文化最重要的功能是建构人的教育价值观，并影响着人的思想，规范着人的行为。它在经历民族文化的洗礼后，会生成一套核心的意识形态，作为人们在教育实践中的共同价值取向。因此，教育文化的形成是以文化为底蕴，文化的发展往往影响着教育的发展方向，而教育文化通常是影响一个国家教育变革的内因。

（二）"教育文化"与"教师文化"

教育文化即指一个民族在长期的教育实践中不断积淀的教育哲学、教育理念、教育制度、教育内容、教育方式方法及教育设施的总和。教育哲学是教育文化核心，它总览教育文化的精神方面，影响制约教育的规制及设施等教育制度和教育物质层面。反之，教育制度和教育物质层面也会影响教育哲学的特质与发展。

关于教师文化目前比较认可的界定是国外学者哈格里夫斯从内容和形式两方面对教师文化做的阐释。他认为，教师文化的内容，是指在一个特定的教师团体内，或者在更加广泛的教师社区之间，各成员共享的态度、价值、信念、观点和处事方式，它反映在教师的观念与言行之中。我国学者通常认为，教师文化是教师群体基于其特定的职业生活方式而形成的独特的知识体系、个人信仰、思维方式及价值观念系统的复合体，是解读教师生活的意义和专业发展的深层内涵的表意象征系统，它以缄默的形态为教师群体的内在心理与外显行为设定了空间。也有学者认为，教师文化是教师在教育教学活动中形成并培养的价值观念与行为方式，包括了以下几个方面：职业道德、角色认同、教育理念、价值取向和情绪反应等，一般可分为思想理念、价值体系和行为模式等三个层次，具有价值、制度、器物及行为四个层面，并相互构成统一的整体。总之，教师文化是教师在教育教学及社会交往活动中所秉持的价值观、信念、态度、规范准则，以及由此所决定的思维方式和行动方式的总和，其核心是价值观念。教师文化是专门针对教师的教育亚文化，教师教育文化的起点和发展方向是教师终身专业化成长，通过教师教育机构和教师个人共同努力，在有利于教师终身专业成长的制度保障下，充分利用现阶段的物质资源，从而逐步形成符合专业教师职业行为的过程和结果。

总之，教师教育文化隶属于教师文化，教师文化是教育文化的一部分，教育文化又是文化的一部分。只有认清四者的关系，才可以对教师教育文化进行正确定位，才可以形成对教师教育文化概念的正确认识。也只有对教师教育文化进行正确定位和清晰认识，才可以为教师教育文化的进一步发展提供更为科学的理论依据。

（三）"体育教师教育文化"与"教育文化"、"教师文化"

体育教师教育文化：综合上述研究，本节认为，可以把体育教师文化理解为体育教师在教育教学活动中形成与发展的价值观念与行为方式。"体育教师教育文化"首先是属于教师文化的一部分，其内涵"教育文化"为基础，属于包容与被包的关系。此外，体育教师教育文化是教师教育文化的特殊形式，具有特定性和代表性，要研究体育教师的教育文化必须先理清教育文化和教师文化的区别，区别二者的概念要建立在文化的概念基础之上。

三、"双一流"引领下体育教师教育文化建设的思路

《统筹推进世界一流大学和一流学科建设总体方案》要求一流大学建设重在一流学科基础上的学校整体建设、重点建设，并全面提升人才培养水平和创新能力，一流学科建设重在优势学科建设并促进特色发展。因此，在双一流建设首先应重视优势学校和优势学科，各地区在优势学校和各学校优势学科建设中体育是重要的一环，在各学校各学科双一流建设的要求下，体育教师的教育文化建设对于高校的体育教学显得尤为重要。高校体育教师教育文化建设应明确以下几点：明确体育教师教育文化的内涵，确定高校体育教师教育文化建设的核心、目标、理念、手段和方法也至关重要。

（一）核心：先进文化

教育是一种人类的价值活动，从产生之日起，就打上了人的价值烙印，教育本身容易被统治者的利益束缚，加之即成的教育文化观容易使教育本身丧失创新或价值再造的能力，因此教育文化的建设就显得尤为重要。

首先，先进文化是健康向上的文化，能够为人类进步的事业提供精神动力、智力支持，具有强大的吸引力、感召力和亲和力。其次，在社会主义教育文化和体育教育文化建设中，必须以中国特色社会主义理论体系的先进文化为核心，以马克思列宁主义、毛泽东思想、邓小平理论、"三个代表"重要思想、科学发展观为指导，建设先进的教育文化。以中国特色社会主义理论体系中坚持解放思想、实事求是、与时俱进、求真务实，坚持辩证唯物主义和历史唯物主义的理念为内核，紧密结合新的时代条件和实践要求。

从文化形态来看，先进文化是教育文化的重要组成部分，教育文化是社会经济在教育中的现实表现，隶属先进文化并发展、体现着先进文化，是先进文化的核心组成部分。从教育形态来看，教育文化是一个教育标识，是一种教育氛围，是教育发展的一种现实状态，它孕育并体现着先进文化。因此，先进文化是教育文化建设的内容，教育文化是发展先进文化的基础。社会主义先进文化建设，内在地包含着教育文化建设，教育文化建设也是发展社会主义先进文化的重要方面。中国特色社会主义理论体系的先进文化不仅为教育文化突出时代特色坚持先进性的特点准备了条件，也为当代中国文化的发展注入了新的活力，体育教师教育文化建设也应遵循这一原则。

（二）目标：培养拔尖创新人才

教育是培养人的活动，而双一流建设的目标是培养拔尖创新人才，教育文化建设有利于教师的创新能力的培养，同时也有利于创新人才的培养。拔尖创新人才的培养，需要教师的创新能力，也与教师的知识技能、思维和人格息息相关。创新力包括：创新能力、创

新意识和创新思维等方面，既可来自于理论研究的论文著作，也可是教师教学的经验总结。创新能力是独特而又恰当地解决问题的能力，创新能力与知识技能、思维和人格息息相关。教师既有的知识和技能是形成创新能力的基础，思维和人格决定了教师自身创新能力的高度。

体育教学具有教学对象相对稳定，以传授体育实践技能、发展体能、培养兴趣、发展人格为主要目标。体育专业人才的培养，实践性强，思维和人格的发展也至关重要，其创新性人才的培养不仅需要教师对既有知识技能的传授，也需要教师在长期教学中对学生思维和人格的影响和熏陶。既要传授新的知识技术，也需要将新的思维、理念传授给学生，只有在新的环境下，才能孕育出创新型的人才。而体育教师对与非体育专业学生创新能力的培养也能起到重要作用。体育课中对运动项目的训练和学习，能培养学生坚持不懈的毅力，而教学比赛能培养学生坚忍的意志，从而有利于形成全面发展的人格，而人格的发展是创新人才培养重要的一环。

（三）理念：紧跟时代特征，注重实践与创新

教学实践中的创新不仅与教师教学能力、教学积极性有关，也与教师的教学态度和价值观念相关，而教学态度和价值观是教师文化的重要组成部分。在教育理论方面，教师应紧跟时代主题，推崇并践行创新，教师通过示范和教育期望间接地影响学生创新能力的发展，教师通过在教学活动和课外活动中的言行激励、从而引导学生进行创新实践。

体育教师教育文化建设，也要紧跟时代步伐，注重教学实践和创新的结合。体育具有传授运动技能和组织竞赛的基本特征，在"互联网＋"时代，体育产业将成为未来朝阳产业，体育教师在体育教学中，应顺应市场经济产业化发展的要求，抓紧体育运动传播和体育竞赛组织等发展体育产业，不仅有利于人才的培养，也为人才输出提供了更多途径。

（四）手段：注重教研结合，提升体育教学科研水平

教育具有时代性和复杂性，教师教学要不断面对和解决新的教育问题。教学研究通常教学对象相对稳定，以教师教学中遇到的实际问题为研究对象，在特定教育方法下，对教育问题的不断深入研究，研究成果可直接服务于研究者。教育文化是长期实践的积累，既有科学规律，也有经验积累，容易形成固化思维和经验。教师文化影响着教师的教学行为，教学行为直接影响学生创新能力的发展。教师通过教学行为的选择和创新，在教学实践活动中从多个层次、多个角度将教学经验和知识传授给学生。在双一流要求下，教师必须加强教学研究，并将研究所获得的结论用于教学活动中，进而不断改进自己的教学观念和教学行为。体育是培养人全面发展的手段，而在体育教师教育文化建设中，在培养拔尖创新人才的要求下，体育教师教育文化建设也应注重教研结合，提升体育教学科研水平。

体育教学也同样面临新的教育问题，如学生体质下降，大学生对体育教学的兴趣减弱等问题。面对新时期出现的诸多教育问题，体育教师只有不断学习研究，及时更新观念、调整自己的教学策略，以面对体育教学中出现的诸多问题。体育教学研究是发展体育教师

教育文化的重要手段，将体育教学研究成果运用于学生的体育教学中，不仅有利于体育教育文化的发展，也有利于体育教师教育文化的实践与发展。因此，体育教师在教育文化建设方面，同样应注重教育与研究的结合，提升科学研究水平。

（五）方法：加强体育教学团队内涵建设，形成团队发展的制度文化

教育部在 2007 年下发了《关于实施高等学校本科教学质量工程与教学改革工程的意见》，明确提出"要加强本科教学团队建设，建立有效的团队合作机制"。教师团队是将教师按照教学合作方式分组，不再以个体成绩为评价标准，而以共同的表现来评价。随着高等教育机制体制的改革，团队建设的概念也被广泛运用到高校的体制建设中，团队型的管理模式在高校组织管理和教学管理中发挥了重要的作用。在此背景下，高校教学改革也不断推陈出新，以团队建设为主的思想成为教学、教研改革的主要方向。教师作为承担教学工作的主体，建立有效的团队合作机制，从而形成一批优秀的教学团队，对于推动教学内容和方法改革，促进教学研讨和教学经验交流，开发教学资源，推进教学工作的老中青结合，有效提升教学质量，具有十分重要的意义。

团队建设是提升核心竞争力的主要方式，体育教师团队建设有利于提升体育教师的核心竞争力，提升体育的社会服务功能，促进体育产业的发展，也有利于构建和谐的人文环境、提高教育质量、提升服务社会能力。在体育教学团队建设方面，应加强内涵建设，形成团队发展的制度文化。在内涵建设方面，形成团队文化是体育教师教育文化发展的重点，而高校良好的教学、学术环境和人际氛围是内涵建设的环境基础，形成团队发展的制度是其团队建设的具体路径。体育教学注重实践性，体育教师团队建设可根据各学科和项目的特点，以教研室、实验实训中心为依托，整合资源，围绕同项目、同专业的一门课程或者多门课程构成的课程群、实验教学中心及专业建设为平台进行协作，在长期的教学改革与实践中形成团队，并集思广益，凝练专业特长和技术优势，借助校企共建，共同发展的模式，适应当前市场经济的需求，推动体育与大众的健康结合，推动体育产业的发展，全面提升高校服务经济社会的能力，促进高校的转型发展。在教育行为方面，体育教师应利用自己已有知识和经验培养全面发展的创新人才，并形成自己的创新理念，进而促进体育教师团队的内涵。

总之，在"双一流"的背景下，高校体育教师教育文化建设首先应明确体育教师教育文化的内涵，其次，高校体育教师教育文化建设应以先进文化为核心，以培养拔尖创新人才为目标，在紧跟时代特征，注重实践与创新的理念指导下，通过教研结合，提升体育教学科研水平的手段，在加强体育教学团队内涵，形成团队发展制度文化的方法下进行建设，以提高高校体育教师的教育文化素养，并以此指导广大高校体育教师的教学实践。

第五节　当代高校体育文化渗透"三生教育"的发展

"三生教育"的目标是让学生尊重生命，提高生存能力，完善生活质量。高校体育文化建设通过体育课堂和体育活动的开展，传授体育知识和技能，引导学生对美好生活的向往，打造身心和谐发展的全面型人才，也通过实践有效的体育活动，塑造大学生良好的意志品质、顽强拼搏的个性，进而完善高校学生生命、生存和生活的美好状态。针对目前高校大学生出现对生命意识的淡漠、生存技能的缺乏和生活能力低下等问题的广泛现象，提出高校体育文化应将"三生教育"的理念贯穿在学生学习和成长过程中。怎样重新架构高校体育文化在"三生教育"关怀下的目标、内容与途径，进而改善受教育者的生命、生存和生活状态，是所有体育教师们亟待解决的问题。

一、三生教育的基本内涵

生命教育、生存教育和生活教育组成"三生教育"的基本内容，其中以生命教育为最根本的教育基础，通过生存教育学会生存技能，最终通过生活教育实现人生价值。

（一）生命教育

"生命教育"是"三生教育"的核心所在，目的是让学生通过对生命本质的了解，树立尊重生命、珍爱生命的价值观，最终感悟生命的价值和意义。生命教育就是帮助大学生掌握生命知识，获得生命体验，感受生命意义，进而树立正确的人生观，谋求美好生活的教育。

（二）生存教育

"生存教育"是"三生教育"的基本途径。"生存"在生命长河中不断发展升华，其目的在于使大学生把握生存规律的基本知识，增强生存意识的顽强意志，能够将生存技能运用到实践中去，面对生存危机也能灵活应对，最终摆脱生存困境。"生存"技能的获得使得"生命"在面对死亡威胁的时候得以延续，尤其是在危险时刻仍能坚持维系生命的求生观念和行为，各种紧急避险时刻的技能和毅力都来源于此时的意志支持，亦是"生存教育"的精髓所在。

（三）生活教育

"生活教育"是"生命"与"生存"的最终目的，通过教育大学生如何建立积极向上的生活目标，通过实践层面不断锻造美好的生命。生活教育的本质在于引导和启发人们发现和创造生命的意义，强调生命明确的目标、健康的生活方式，关注"生机勃发"的"生命"状态，以追求人生价值的实现为目的。

二、高校体育文化在三生教育关怀下发展的重要意义

（一）促进生命健康是三生教育关怀下高校体育文化发展的核心目标

生命教育是"三生教育"的核心。通过帮助学生理解生命存在和发展的规律，从而达到促进生命健康发展的核心目标。高校体育文化把追求健康的生命作为最终目标，在提高生命力方向与其他校园文化有本质区别。高校体育文化的实施对象是受教育者自身，以掌握运动技能为主要内容，在身体锻炼的同时进行生命健康教育。校园体育文化与其他校园文化的根本区别就在于通过动作技能改善学生的身体形态，提高学生的运动素质，在促进身体健康的同时反映生命教育与校园体育文化尊重生命的共同目标。

（二）学习生存技能是三生教育关怀下高校体育文化的基本内容

生存教育是培养学生生命安全知识和能力、处理紧急事件的教育活动。它包括：教育者在生存意识、知识、能力和价值等方面的教育。高校体育文化在生存教育活动中，应着重培养学生对紧急、危难等事件的处理能力，如提高学生在抗灾减灾、紧急救援、自助救护等方面的生存能力，让学生在突发环境下，能够依靠自身身体机能所展现出的运动技能能够随机应变，并最终得以确保生命安全。运动技能获得，是生存技能和校园体育文化发展的基本内容。

（三）打造健康生活是三生教育关怀下高校体育文化发展的价值体现

高校体育文化的价值在生活教育中得以体现。人类的一切活动都是通过生活的各个方面来实现的，因此提高生活质量是生存和生活最直接的实现。体育运动与提高生活质量有着直接的关系，也是生活教育不可或缺的重要成分。相比较与其他校园文化，校园体育文化所进行的活动大多是运动技能的习得过程，体育运动中往往需要学生间的互帮互助得以完成，在锻炼中可以增强生生间团结友爱的纽带联系，锻炼顽强拼搏的意志品质。此外，优良的运动习惯对于学生积极生活方式的养成提供了极大的助力，诸如，网瘾、熬夜等生活状态在良好的运动习惯的驱使下得以改变，形成积极向上的品质生活。

三、高校体育文化在"三生教育"关怀下的发展路径

（一）确立高校体育文化在"三生教育"关怀下的发展目标

在高校体育文化发展的各个环节，我们应该回到学生生活最重要的源头：高校体育文化教育应引导学生尊重生命、珍惜生命、尊重生命、发展生命、养成终身体育的习惯。高校体育文化的发展，首先要在"三生教育"的三个层面确立发展目标：高校体育文化中的"生命教育"，应确立培养受教育者积极参与校园体育文化活动的观念态度，在思想层面不断渗透运动参与的意识，最终达到使学生在内心深处体会到，在校园体育文化活动中参与体育锻炼对于"生命"健康的积极影响；在高校体育文化中进行"生存教育"，目的在于

促进受教育者体育兴趣的培养及良好锻炼习惯的养成，促使大学生主动参与校园体育文化活动，通过体育运动的亲身实践感受获得生存技能的愉悦；在高校体育文化中的"生活教育"，良好运动习惯的养成和熟练运动技能的掌握，是实现美好品质生活的重要路径，培养大学生具有健全的人格、熟练的运动技能以及积极的生活方式，是高校体育文化活动在生活教育中的价值体现。

（二）确立高校体育文化在"三生教育"关怀下的基本内容

当今世界生命教育和生存教育的内容，主要是针对日常生活中的突发情况，如，急救、火灾、溺水等进行训练和准备。在今后的高校体育文化活动中，我们不仅要重视日常体育活动，更要增加与生活环境相关的各种突发事件中的风险规避教育内容，以提高学生的生活质量和生存技能，提高学生的运动兴趣并主动参与体育锻炼，培养独立锻炼和终身锻炼的习惯。

1."生命教育"在高校体育文化中内容的渗透

以生命健康为指导目标，设置关于生命教育基础理论的内容，除体育运动技术的相关知识外，应开设生命教育基础理论课程，如，紧急事件的应对、防火防盗等相关安全知识、紧急救护知识、野外遇险的求生等知识，使大学生在校园体育文化教育中感悟生命教育，从而在高校体育文化活动内容中渗透生命教育。

2."生存教育"在高校体育文化中内容的渗透

学生积极参与到融合生存教育的体育运动中，掌握生存教育的理论知识，树立顽强的生存意识，在运动技能的习得过程中最终获得生存技能。在高校体育文化活动中，开设体育生存技能内容，培养学生掌握生存教育的基本常识，如，野外生存自护自救技能、事故受伤处理技能等，通过高校体育文化活动的不断实践，促使学生通过掌握运动技能而强身健体，提高生命质量，进而提升生存教育质量，促进高校体育文化中的生存教育内容的渗透。

3."生活教育"在高校体育文化中内容的渗透

引导学生对美好生活的向往，并借助良好的运动习惯打造健康积极的生活方式，是"生活教育"在高校体育文化中内容的渗透。培养学生在校期间积极参与到校园体育文化活动中去，逐渐养成优良的运动习惯，即使离开校园也能保持对体育运动的参与热情，树立健康生活的价值观，努力改善生活质量。高校体育文化活动中增加健康生活方式内容，使大学生在体育活动中达到强健身体、健全人格、适应社会等健康生活方式。

（三）"知、行、情、意"的渗透式教育方法

高校校园体育文化活动可通过"知、行、情、意"的实践过程，渗透"三生教育"理念。指导教师在体育活动中"知"的渗透教育，是教会学生运用体育理论，对他人和自己的体育行为做出正确评价，学生在反复思考和巩固练习的过程中，更深层次的掌握某项运动技能，最终重视并掌握运动技能；"行"的渗透教育，是教师或学生在校园体育文化活动中，

通过自己的"行动"树立自身的"榜样"形象，对周边人参与体育锻炼的意识及行动产生积极的影响，对体育锻炼习惯的培养及终身体育思想的贯穿起到积极的促进作用；"情"的渗透教育是师生之间，生生之间的"生命、生存、生活"在校园体育文化活动中彼此的"真情流露"，学生通过体育锻炼，情感得以宣泄，在运动合作中的团结协作获得队友间的相互尊重，在运动参与中不断地得到认同；"意"的渗透实践过程，是利用丰富多元的体育锻炼环境和适当的恶劣气候，通过运动体验培养大学生的抗挫折能力以及坚定的意志品质。

在"三生教育"关怀下探索高校校园体育文化的发展，一方面培养大学生珍爱生命、学会生存、积极生活的状态，打造全方面健康发展的复合型人才，另一方面借此充实完善高校体育文化在"三生教育"关怀下的发展内容。为此，在高校体育文化活动中，从基本目标、内容设置和教育方法多方面渗透"三生教育"理念，促使"三生教育"与高校体育文化协调发展，进而更好地为校园文化、为高校教育服务。

第六节　新时代传统孝文化与体育道德教育融合发展

党的十八大以来，以习近平同志为核心的党的决策层，把弘扬包括孝文化在内的传统文化作为治国理政的重大战略之一，希冀把传统文化融入社会主义核心价值观，汲取精华，多元发力多元并举，在新时代思想引领下传统孝文化与体育道德教育融合发展，各有侧重而又以"中国梦"总目标予以统合。习近平同志强调文化是"一个民族的灵魂"，是我们精神寄托的"精神家园"。在健康中国时代理念的召唤下体育道德教育需要优秀文化的渗透，以孝文化中的精髓来引导体育道德教育，也是立德树人的核心旨趣。

一、新时代中华传统孝文化的特色践行

（一）中华传统孝文化的基因传承

在党的十九大报告中习近平同志强调："文化是一个国家、一个民族的灵魂。文化兴国运兴，文化强民族强。"习近平同志强调文化是"一个民族的灵魂"，失去了文化根基也就失去了民族的灵魂。在注重文化建设和弘扬传统文化的同时，还着力于传统孝文化和家庭美德的推行。习近平同志认为中华传统优秀文化是我们中华民族的基因，是我们精神寄托的"精神家园"。由此可见，习近平同志所讲的许多引言均包含着孝文化和家庭美德的陈述，寻觅挖掘其文化根基和基因，如，和而不同、天下为公、自强不息、以文化人、与人为善、守望相助、老吾老幼吾幼等，均是以"孝"和家庭美德为基石支撑起来的得到大厦。

（二）中华传统孝文化的精神价值

习近平同志于 2016 年 12 月 12 日在会见第一届全国文明家庭代表时的讲话中指出：

"尊老爱幼、妻贤夫安，母慈子孝、兄友弟恭，耕读传家、勤俭持家，知书达礼、遵纪守法，家和万事兴等中华民族传统家庭美德，铭记在中国人的心灵中，融入中国人的血脉中，是支撑中华民族生生不息、薪火相传的重要精神力量。"他还列举出孟母三迁、岳母刺字、画荻教子等故事来佐证包括孝文化在内的传统家教文化的育人功能、家国情怀和促进社会文明进步的功能。

（三）中华传统孝文化的行为世范

习近平同志不仅仅是传统孝文化的倡导者和推动者，而且还是孝文化的践行者，知行合一，身先士卒。在他的办公室里，挂有一副他用轮椅推着年事已高的父亲的生活照，和妻子、女儿一起推着父亲散步，这满满孝心和家国情怀耀然于和聚焦于照片中。孝敬父母，珍视家庭，这一中华传统美德深深植根于习近平同志心中。"希望从父亲这里继承和吸取的宝贵和高尚品质很多。"父亲习仲勋要求儿子："不管你当多大的官，不要忘记勤勤恳恳为人民服务，真真切切为百姓着想，要联系群众，要平易近人。""还是以工作为重，以国家大事为重。""为人民服务，就是对父母最大的孝。"由此点滴可以窥见习近平同志的一片孝心和大爱无疆的赤子情怀，同时也可得知习近平同志父亲以身作则的严谨家教和高风亮节的家国胸襟。

二、新时代体育道德教育的本质特征

（一）恪守诚信，引领时代新风尚

恪守诚信，弘扬时代精神。《孝经》又曰："爱亲者，不敢恶于人；敬亲者，不敢慢于人。"要求尽孝者不与人交恶，应博爱；不与人怠慢，应广敬。这就是把对父母尊亲的孝推及至博爱和广敬，惠及社会，孝及众生。孔子曰："弟子入则孝，出则悌，谨而信，泛爱众而亲仁。"在体育道德教育中坚持诚信为本是指导人们参与体育运动的基石。例如，在当今大型运动会、锦标赛中为了追求荣誉和利益引发出了兴奋剂事件、虚报年龄、违反竞赛规则等，严重违反了体育诚信的基本理念，是有伪体育道德教育的。新时代背景下只有扎实业务水平提高自身能力，才能够彰显体育道德新风貌。

（二）平公正，树立规则意识

儒家倡导孝道是以教化为目的的"以文化人"过程，同时批判和鞭挞不孝者之行为。其次，行孝是发自自然而然的事。孔子曰："夫孝，天之经也，地之义也，民之行也。"行孝是基于血缘关系的一种人伦伦理，应视为"天经地义"的义务与责任。《论语学而》说："慎终追远，民德归厚矣。"就是教育家族成员不忘尊亲，知晓"我从哪里来"，以期担负起家族延续和振兴的职责。再，担负起立身成业之大计。曾子认为"孝有三，大孝尊亲，次孝不辱，其下能养。"他所言"不辱"就是"荣亲"，扬名于后世，以彰显其父母与其家族。为了尽孝，莫争斗，以加强个体道德修养。同时在社会中亦是如此，要遵守社会公德、职业道德及法律规范。在坚持公平公正思想指引下，对于运动员的规则意识要重新树立和加强，只有尊重体育运动，尊重竞技规则，体育运动的发展才能够顺畅自如，进而更好地服务于大众。

（三）约束行为，发扬竞技精神

经典著作《孝经》在注重家庭伦理的同时，又特意把孝文化推演至社会实践和国家治理中，凸显孝文化的泛化性和推及性。该书把孔子、曾子、孟子等人的孝道思想进行全面继承和阐述，并对孝道内容进行广泛化和政治化，推及社会治理和国家政治的君臣关系。在家国一体的文化语境里，把尽孝与尽忠完美地组合起来。经唐宋理学家的宣传改造，致使孝道文化走向极端化和绝对化，带来了一些负面影响。如，北宋时期哲学家张载解释"民胞物与"道："尊高年所以长其长，慈孤弱所以幼其幼，圣其合德，贤其秀也。凡天下之疲癃残疾、茕独鳏寡，皆吾兄弟之巅连而无告者也，于是保之，子之翼也。"表现出中华民族和谐万物的爱心和博大情怀。全民健身运动在全国范围内普及开展，人们逐渐认识到竞技精神的重要性，如，在当今马拉松赛事在全国各大城市火热举办，引来了成千上万群众参与，运动的过程需要有毅力、意志和勇敢的态度，这就是竞技精神的表现，是体育道德教育中不可缺失的要素。

三、新时代传统孝文化与体育道德教育融合发展的蹊径

（一）传统孝文化与中华体育精神的融合

在中华传统文化体系中思想观念或价值取向居于文化建设的核心地位，包括孝文化在内的优秀传统文化流经历史长河而依然璀璨辉煌，并且融入国民的血液中和灵魂中，尽管有起伏但其"生命力"依然旺盛而经久不衰。孟子道："老吾老以及人之老，幼吾幼以及人之幼。"北宋哲学家张载释义曰："尊高年所以长其长，慈孤弱所以幼其幼，圣其合德，贤其秀也"。孝文化源于家庭伦理以孝敬尊亲，推及他人与社会，是体现向上从善传统文化精华的根基。在新时代，为了实现民族复兴和体育强国战略的伟大使命，我们同样需要有选择有创新地吸收孝文化的精华，有意识、有目的地把孝文化与中华体育精神有机融合，坚持孝文化的原本性和坚持体育精神的坚定性，发扬孝文化的和谐性和体育精神的果敢性，刚柔相济，相得益彰。

（二）传统孝文化与体育道德情感的融合

《孝经》开篇云："夫孝，德之本也，教之所由生也"，"教民亲爱，莫善于孝"。也就是说，人类一切道德教育均是从孝道开启的，教育人民相亲相爱、和谐相处最好的就是从行孝开始。在家国一体的治国方略中，所谓"家之长子，国之重臣"就是有力证明。"爱敬尽于事亲，而德孝加于百姓，刑于四海，天子之孝也。"教以孝，所以敬天下人为父母；教以悌，所以尊天下人为兄弟；教以臣，所以惊天下人为君者。可见，孝文化在推行家庭伦理教育

过程中也无形在养成青少年一代的社会责任感、义务感和使命感。在新时代，我们立足于历史与现代的聚焦点上，既要继承孝文化的责任使命感，齐家治国两兼顾两担当，赋予传统孝文化新的时代意义和价值。

（三）传统孝文化与体育道德修养的融合

新时代社会主义核心价值观引领下的传统孝文化的根基性、教化性、推及性和义务性，是毋庸置疑的。《论语学而》说："慎终追远，民德归厚矣。"就是教育家族成员不忘尊亲，知晓"我从哪里来"，以期担负起家族延续和振兴的职责。再，担负起立身成业之大计。曾子认为"孝有三，大孝尊亲，次孝不辱，其下能养。"他所言"不辱"就是"荣亲"，扬名于后世，以彰显其父母与其家族。为了尽孝，莫争斗，以加强个体道德修养。孟子认为"不失其身而能事亲。"荀子曰："斗者，忘其身，忘其亲，忘其君也。"孝文化其实是以家族血缘为纽带的一种别致的教育范式。社会主义核心价值观可以视为传统孝文化"古为今用"和与时俱进的范例和样板，为体育道德修养寻觅到在新时代的落脚点、观察点和着力点。同时，传统孝文化也要具有开放性和扬弃性，从而为体育道德教育提供理论依据的基础上改革创新自身理论体系和"自我革命"。

习近平同志关于包含孝文化在内的传统文化的表述，不但体现在他的讲话和报告中，最为彰显的是践行于他的日常生活中，言行一致，知行统一，身体力行，为人示范。传统孝文化传承至我们的"新时代"，依据习近平同志的有关论述，坚持"古为今用"和汲取精华、剔除糟粕的原则。坚守传统孝文化与中华体育精神、体育道德情感、体育道德修养融合的价值取向和基本蹊径，致使传统孝文化焕发新时代生机活力和精神魅力，从而凸显核心价值和社会美德。

第七节　地域性民族传统体育教育与高校校园
文化的融合发展

近年来，随着《健康中国"2030"规划纲要》的颁布，全民健身意识逐步增强，中华人民共和国第十一届少数民族传统体育运动会也将在河南举办，高校民族传统体育文化日渐进入人们眼球。本节采用文献资料法、实地调查法、访谈法等，对区域性高校校园文化与民族传统体育文化关系及存在的问题进行研究，旨在丰富高校校园体育文化的多样性，加强民族传统体育文化发展，进而强化区域性民族传统体育教育与高校校园文化建设的融合发展。

在新时代环境下，国家越来越重视民族传统体育运动的传承与发展，高校作为高素质人才培养和选拔的重要场所，身上肩负着对我国优秀传统文化的宣传推广的责任和义务。

在《全国普通高等学校体育课程教学指导纲要》中，明确指出了：弘扬我国民族传统体育，提取世界优秀体育文化，展现时代性、发展性、民族性和中国特色。传统体育在高校体育教育中具有良好的文化传承作用和教育价值，对高校的校园文化建设具有重要的积极作用，因此，必须高度重视高校校园文化建设与民族传统体育教育的有机融合。

一、高校校园文化建设与民族传统体育教育

现如今，互联网的高速发展，让手机成为大家爱不释手的日常工具，低头族、吃鸡、王者荣耀等代名词上热搜的现象时有发生，而且时常成为当代大学生的形容词，这样的现象不利于高校校园文化建设，更不利于教育部提倡的走下网络、走出宿舍、走向操场的号召。民族传统体育是高校校园文化建设的重要组成部分，大学生在学校可以通过一些民族节日、民族传统体育竞赛、社团、学术报告会等平台接触到传统民族体育文化的气息。校园文化与民族传统体育项目的有机融合，可以有效地丰富大学生的课余生活，进而促进各民族和谐相处，同时扩展学校体育教学的内容，也让学生了解中华传统文化，扩展知识面，消除文化差异等都有重大意义。

二、高校地域性民族传统体育教学模式存在的问题

（一）高校体育课程没有充分体现民族传统体育的传承

通过调查研究发现，除了少数民族性质的高校里会开设一些民族特色的体育项目课程外，高等学校大部分都没有开设民族特色的相关专业和项目，民族传统体育文化的传承在体育课堂上得不到充分体现，学生接触民族传统体育文化大多都是通过社团组织、外来表演的渠道，部分高校尽管开设有武术、跆拳道、散打等课程，然而教学内容太单一，教学手段简单，教学过程中缺乏对传统体育文化的讲解和延伸。学生们也对民族传统体育文化不甚了解。

（二）高校民族传统体育教师师资条件一般

通过走访部分高校发现，体育教学本身在学校的校园文化中占据较低的位置，更别提民族传统的体育项目，师资力量方面，体育教师还是偏实践型为主，科研型较少，因此缺乏传播民族体育文化的土壤。高校如果没有开设一些提高体育教师文化素养的相关培训和课程，教师的文化素养就会不足，就会造成无力承担宣传弘扬传统文化的重担，更无法拓展和延伸其他项目的文化，这样就造成了文化传播的断裂现象。

（三）缺少场地器材

教学环境是确保教学有效进行的必备前提条件，本节所研究的传统民族体育项目不同于西方的竞技性体育项目，需要的场地器材较为特殊，通过研究发现，只有部分少数民族的学校有特殊专有的场地器材，如，东北电力大学的龙舟、郑州大学的荷球、宁夏大学的

角斗士蹴鞠等，这些学校都是选用一些民族体育项目作为本校体育赛事竞争力的王牌。

三、促进高校校园文化与民族传统体育教学模式的融合的建议

（一）设置地域性民族传统体育项目课程

依照现有的传统体育教学模式和课程设置上来看，高校体育课中设置内容较为单一，缺少文化特征，解决这个问题，可以结合当地地方性民族性特征，设置一到两个比较具有本地域特色的课程，如，湖南湘江某学校设置龙舟课程，组织学生进行龙舟比赛，还开设龙舟文化大讲堂，屈原爱国主义精神文化交流日等，学生通过参与龙舟运动，既锻炼了身体也丰富了文化知识，同时又增强了爱国主义情怀。

（二）积极营造传播民族传统体育的文化氛围

高校教师对民族传统体育文化的了解程度，直接影响着学生的认知高度，学校要间歇性举行教师文化素质培训、竞赛，也可以举办一些科学报告会，邀请国内知名专家进行交流，制造传播民族传统文化的学术氛围。学校开设民族传统体育的公共选修课，并设置学分制，通过有别于传统授课的方式传授给学生知识。

（三）优化民族传统体育开展环境

正所谓"巧妇难为无米之炊"，良好的体育教学环境是保障体育课堂有序开展的前提条件，学校首先要勇于发掘特色项目，支持场地器材的建设与供给，其中包括：经费、政策等条件，加大对传统体育课程资源的投入力度，鼓励学生参与到传统体育锻炼中，进而为打造和谐、行造良好的传承氛围、完善校园文化建设做出努力。

第七章 高校体育文化实践研究

第一节 高校课外体育俱乐部与校园文化建设探究实践

高校课外体育俱乐部形式能够更好帮助高校体育的开展，由于其能够更好地延伸学生的学习领域和范围，因此，可以说我国高校课外体育俱乐部能够更好地帮助学生进行体育知识的学习和提升自身的体育素养。正是基于这样的基本目标，我国的课外体育俱乐部活动需要不断提升自身的水平和价值，也就是其需要和校园文化相互衔接，这样才能够更好地发挥其作为学生进行体育知识学习和体育能力提升的重要课外平台。因此，本节主要就是我国高校课外体育俱乐部的定义和内涵进行研究，然后针对其中的基本意义进行分析，最后就如何更好地将高校课外体育俱乐部和校园文化建设进行衔接进行研究，便于能够更好地提升我国大学生的身体素质。

我国高校正在积极构建有效的校园文化，在整个校园文化建设中，同样需要提升学生的身体素质，因此，就目前的校园文化来说，需要做的就是在构建整个校园文化的时候，必须要进行有效的体育课程的开展，这样在我国当前正在进行的高校课外体育俱乐部就发挥了积极的作用，借助于这个模式能够更好地提升学生渗透素质，也能够更好的发挥体育的积极价值，正是基于这样的原因，我国高校课外体育俱乐部与高校校园文化的有效结合就成了目前比较重要的一个部分。本节就我国校园体育文化进行研究，希望能够更好地提升我国高校课外体育俱乐部与校园文化建设的有效性，进而不断提升我国大学生的身体素质。

一、校园体育文化的积极作用

对于在研究高校课外体育俱乐部与校园文化建设之前，需要明确的就是我国校园体育文化的内涵，只有在明确了基本的内涵和意义之后，才有价值进行相应的研究。因此，就我国校园体育文化来说，其主要的价值在于，其能够更好提升学生的身体素质，而且在整个锻炼的过程中，也能够更好帮助学生进行有效的团队意识的培养。因此，可以说我国当前的校园体育文化能够更好地激发学生的学习兴趣和团队意识，这是我国当代大学生进行学习和生活的重要内容。而且，校园体育文化正是当代大学生正确价值观的组成部分，因此，在整个校园文化建设中体育文化的建设也是其中的一个重要环节，需要在构建校园文化的时候积极关注校园体育文化。总之，对于我国的校园体育文化来说，其有着极为重要的现实性意义。因此，在整个校园文化建设中要提升校园体育文化建设的重要地位，需要更好的发挥我国高校体育文化建设的积极性，最终能更好地提升我国校园文化建设中的效率。

二、高校课外体育俱乐部形式

我国高校体育俱乐部的形式多数情况下是一种网络型的，也就是能够更好地进行学生体育能力的拓展，更加方便学生进行体育活动，提升学生的学习兴趣。对于这个模式来说，其主要为了有效解决以下的几个问题：首先，主要是为了解决在整个改革过程中不重视学生体育锻炼的思想，为了更好地提升学校对于体育锻炼的认识程度；其次，为了更好解决我国体育教学中的长期锻炼和短期锻炼的问题，这是目前来看，我国体育俱乐部的重要意义，最后，对于体育俱乐部来说，其能够解决在整个学生训练和锻炼的过程中的拓展性，也就是在整个锻炼的过程中能够更好地帮助学生去进行体育锻炼。因此，对于我国高校课外体育俱乐部的形式来说，需要做的就是要进行有效的效率提升。在对于我国的高校校外体育俱乐部的建设来说，其需要建立完善制度，促使得整个体系能够更好地去适应学生的身体健康发展，这样才能够更好地帮助学生提升自身的素质。因此，对于我国高校课外体育俱乐部形式来说，需要做的就是要进行有效的网络化教学，这样才能够更好地去适应高校体育的发展，从而也能够在发展中更好地提升学生的身体素质，因此，这就是我国进行校外体育俱乐部形式的重要现实性和逻辑性原因。

三、高校课外体育俱乐部与校园文化建设的内在逻辑性

对于高校课外体育俱乐部来说，其只我国校园文化建设的重要载体和平台，通过有效的平台建设来提升校园文化的有效性，因此，其对于校园文化的落实有着极为重要的推动作用，而对于校园文化建设来说，其是高校课外体育俱乐部的重要引领和指导，只有在整个校园文化建设的指导下才能够更好地进行高校课外体育俱乐部的建设，因此，可以说高校课外体育俱乐部与校园文化建设两者的建设和相互促进是十分重要的，而且也为我国当前大学生的身体素质的提升和思想文化的提升都起到了至关重要的推动作用。

我国高校在进行校外体育俱乐部建设的时候，必须要重视当前校园文化的建设，只有将校园文化建设与其良好地结合起来，才能够更好地帮助学生进行学习和生活，同时也能够更好地提升学生的素质，因此，将高校课外体育俱乐部与校园文化建设良好结合，是高校体育建设的关键。

第二节　高校传承民族体育文化实践方式研究

中华文化是随着中华民族的发展而逐渐积淀而成，具备多样性的特征，而其多样性的一个重要体现便是民族传统文化。在社会转型的大背景下，促使文化做出相应的变革，在西方价值观念的渗透及影响下，我国的民族传统文化面临着消失的危险。高校承担着教书育人的责任，并具备传承传统文化的功能，因此，为了实现民族体育文化的传承，可以充分发挥高校的作用，以科学的实践方式实现民族体育文化的传播。可见，本节对高校传承民族体育文化实践方式的研究有着十分重要的现实意义。

一、文化传承与教育之间的关系

教育的含义众所周知，是指以讲解、演示等方式向受教育者传达知识，促使受教育者良好地掌握知识，提升自身的知识水平。而文化传承，则是指在人类聚居区所有成员中形成的纵向交接的过程。从定义上来看，文化传承与教育之间具备一定的共同性。可见，二者之间具备比较密切的关系。人们接受教育后，知识水平及技能水平可以显著提升，并可促使自身的思想品德向着正确的方向发展，在文化中，教育是必不可少的组成部分，正是由于教育的存在，能够连续不断地传承文化，实现文化的传播与继承。教育在传承文化的过程中，并非是机械地传播，而是有选择性地、创造性地传播，去其糟粕，取其精华，弘扬文化中蕴含的民族精神。

从古至今，教育经历了几千年的发展历史，并逐步形成了家庭、学校以及社会3种教育形式。对于文化传承来说，学校教育所起的作用更大，在学校教育的构成中，包含教学模式，而教学模式在很大程度上影响着文化传承的效果，同时，还可以影响社会教育传承。技术是教学模式重要的支撑因素，而技术的发展依赖于文化，技术的进步还可以促进文化的发展，可见二者之间相辅相成。由此看来，在文化传承发展的过程中，教育是重要的传承载体及手段，而教育的目的则是实现文化的传承，二者之间相互关联、共同实现发展。

二、民族传统体育文化的内涵

在明确民族传统体育文化的内涵之前，首先要了解民族传统体育的内涵，没有民主传统体育，也就没有民族体育文化。我国是一个多民族的国家，汉族与其他55个少数民族的人民共同生活在祖国这个大家庭中，在祖国发展的各个历史阶段中，各个地区的民族人员展开了各种具有民族特色的体育活动，而这就是民族体育活动。在民族体育活动中，不仅具备民族的传统特征，更是蕴含了各民族人民的美好向往、精神寄托，体现了人们的审美观念。从性质上来看，民族体育包含三种：一种是健身体育活动，一种是养生体育活动，还有一种是娱乐体育活动。舞龙舞狮、赛龙舟、武术等都属于民族体育。

民族体育活动凝聚了各个民族人民的智慧，并具备一定的民族特征，由此也促使其带有文化色彩，形成民族体育文化。对于民族体育文化的含义来说，包含两个方面：一是指传统的民族体育项目，二是各个体育项目中所蕴含的民族文化。民族体育项目就是具体的民族体育活动形式，如，赛龙舟、舞狮等；而在每个体育项目中，都蕴含着独特的体育文化，如赛龙舟与我国传统的端午节之间关系密切。通过对民族体育文化内涵的解读，方能更好地实现文化的传承。

三、高校传承民族体育文化的必要性

（一）传播民族传统文化，弘扬民族精神

对于中华民族博大精深的民族文化来说，其内涵是深刻而又丰富的，民族体育文化在揭示和展现民族文化时，视角具备独特性的特征。民族体育文化发展的历程中，经受了历史的选择，其所形成的理论思想、技术方法都具备独特性的特征。在民族文化中，精髓是民族精神，其中沉淀了民族文化中的精华部分。随着市场经济的发展以及科学技术的进步，人们的物质生活水平得到了显著的提升，各种高科技产品极大地便利了人们的生活，大学生在享受这一切便利的同时，负面作用、腐朽文化也正在侵袭着大学生的思想，导致大学生的思想意识、价值观念等受到严重的影响，甚至部分大学生出现了享乐主义、拜金主义的错误思想。而通过民主体育文化在高校中的传播与弘扬，可促使大学生体会其中蕴含的各民族人民的果敢与坚强，并促使自身形成正确的价值观念，从而实现自身的全面发展。

（二）提升学生综合素质

在民族体育中，一个重要的组成部分为特色民族传统体育，此种体育形式功能具备多元化的特征，是一种社会文化现象。在特色民族传统体育中，不仅能够锻炼人们的身体，同时还具备娱乐性与竞争性，并且其中蕴含的文化比较丰富，能够体现出民族质朴的精神。高校体育教学中，引入特色民族传统体育后，可促使体育教育实现素质教育，提高学生的综合素质。此外，特色民族传统体育项目中，其所蕴含的文化内涵具备本土性，可以培养学生形成人文素养及健康个性。大学生在课堂中学习特色民族传统体育项目时，不仅可以让学生掌握相应体育项目的技巧，锻炼身体，还可以促使学生在心理上认同其中蕴含的民族文化与民族精神，实现文化传承的目的。

（三）实现地方民族体育可持续发展

特色民族传统体育在其形成与发展的过程中，具备特定性的特征，比如形成于特定的文化中，或者形成于特定的环境中，其所具备的民族性、地域性、文化性以及健身性的特点非常强。不过，在社会现代化发展的过程中，其所带来的现代化成果极大地便利了人们的生活，并逐渐改变了人们的生活理念，再加上西方文化的侵袭，使得越来越多的人遗忘

了民族体育，致使民族传统体育面临着消失的危险。高校是传播人类优秀知识的重要载体，同时，也承担着传承中华民族传统文化、弘扬民族精神的重任。高校通过对民族体育文化的传承与传播，促使大学生认识到我国民主体育文化的优秀性，并在学习的过程中形成认可，自觉保护与传播，实现地方民族体育的可持续发展。

四、高校传承民族体育文化的实践方式

（一）在高校体育教育中渗透民族体育文化

高校体育教育是传承民族体育文化的重要实践方式，将民族体育文化渗透在教学内容中，实现文化的传播与继承。首先，确定科学的体育教学理念。当前该校体育教学中所教授的体育项目多为现代体育项目，如，篮球、排球等，在进行教学的过程中，教师应对教学理念进行更新，科学地渗透民主体育文化，将民族体育项目与现代教学相结合，促使学生了解民族体育文化。其次，创新教学模式。现阶段，高校体育教学中已经包含传统民族体育项目，如，养生类的八段锦、五禽戏，民俗类的舞龙舞狮、跳绳，武术类的传统拳法等，教师可以充分利用这些传统的民族体育项目，将民族体育文化渗透其中，对教学模式进行改进与创新，比如在进行武术教学时，可将武术所述的门派、门派的相关知识等讲解给学生，促使大学生逐渐形成良好的思想道德品质。最后，丰富教学方式。高校设置体育课程的目的在于增强学生的体质，丰富学生的校园生活，教师可以采用多元化的教学方式，完成民族体育文化的渗透，如，在进行竞技类体育项目教学时，教师可以把民族体育文化中的竞技精神凸现出来，促使学生正确地对待竞技体育，形成正确的竞技意识，同时也提升学生学习的兴趣，提升教学效果。

（二）丰富高校体育课程体系

高校在传承民族体育文化时，可利用的相关资源比较多，教师应该充分收集和整理这些资源，在各个相关学科的基础教育中渗透民族体育文化，并建立起完善的课程体育，提升传承的效果。比如，在体育选修课中增加民族传统体育教学项目、民族传统体育项目文化艺术鉴赏等，真正实现民族体育文化的传播。同时，加强学科之间的合作，对相应的院系进行整合，将专业限制性选修课设置在学科体系下。例如，在体育学学科体系下设置民族传统体育文化理论，在民俗学学科体系下设置保护文化的课程等，以此来丰富课程体系，完成民族体育文化的传承。

（三）建设民族体育社团

民主体育文化的含义中即包含民族体育项目，而在各个项目中，蕴含了不同的民族体育文化。高校可以充分利用其创办社团的功能，创建相应的民主体育社团，比如，武术社团、民族体育文化研究社团等，通过社团活动的举办，实现民主文化的传承。

民族体育文化是我国民族文化中重要的组成部分，高校应通过体育教学方式的改革以

及其他的实践方式来实现民族体育文化的传承，弘扬我国优秀的民族精神，促进民族体育及文化的可持续发展。

第三节　高校体育文化与校园文化的互动关系

体育文化作为校园文化的一个重要内容，在高校校园文化建设中提高身体素质、为校园文化注入新气象的作用。对于校园文化进行专项研究，能够培养高素质的学生和加强校园文化建设。本节将从体育文化与校园文化的互动关系为起点，分析探讨了二者的概念特点以及实践策略研究，旨在更好地将体育文化与校园文化充分把握，从而推动其向更高更深层次的方面发展。

校园文化是学校在长期的教学实践中总结出的独特的有别于其他社会群体的一种团队意识。校园文化在育人方面起着较大的作用，它能够潜移默化地使学生具备良好的气质素养和精神品质。体育文化通过体育活动来塑造人的道德观念，校园文化与体育文化相结合，能够提高学生的体育文化素养、培养学生体育精神，并以此为基础开展校园体育文化活动。

一、体育文化与校园文化的概念

校园文化是指以学生为主体，以课外活动为主要内容，存在于校园内的蕴含校园精神的一种群体文化。校园文化以其独特的文化氛围对广大师生产生着潜移默化的作用，良好的校园文化对于提高学生的综合素质、培养良好的道德观念、提高学生的审美能力等起着不可或缺的作用。良好的校园文化对于实现教育目标起着较为重要的作用。充满生机的校园文化是以各种高雅的学术交流活动为支柱、以丰富的体育活动为骨肉，这样校园文化在发展中才会生动和积极向上。体育文化是高校校园文化建设中的重要环节，在学校生活中，体育活动是师生接触最为频繁、最有活力的一项文化。现代的体育文化发展迅速，丰富多彩的体育文化丰富了高校学生们的课余活动，还营造了积极向上的校园氛围。体育文化的塑造有利于创建校园文化的丰富多彩性，改变传统校园的死板枯燥性，从而利于发展校园文化的创造性。

二、高校体育文化与校园文化的互动关系

体育文化是校园文化组成的其中一部分，但其实体育文化是以校园文化为依托存在的，并不是直接存在与校园文化中的。校园文化处于社会文化之中，是社会文化的反映，也是体育文化与社会文化的传播媒介。校园文化通过多种途径将社会文化内化于其中，还通过校园活动向体育文化传达社会文化的价值取向。体育文化向社会文化进行信息反馈就需要通过校园文化来进行。拥有良好的校园氛围和环境对于学校课程目标的实现，改变学生的

生活学习方式和良好作息习惯的养成都有非常重要的作用。高校中体育文化与学习的办学理念、校风校纪等内容有很大的关系，它的教育功能与校园文化有着紧密的关系。

（一）体育文化与校园文化具有相似的功能

校园文化多种多样，丰富多彩，能够满足学生大部分的娱乐、需求、社交、学习等需求，得到丰富的情绪体验，在实践活动中提高审美能力，以此陶冶自己的人格，充实生活升华人生的意蕴。体育文化中的体育活动是健康高尚的，具有进取、竞争。战胜困难和经受考验的特点，在体育活动中有助于培养学生不畏艰难、坚强勇敢、坚毅果敢的优良品质，精湛的技术与身体精神美结合，能够激起高校学生各自独特的审美要求，从而引导学生提高审美，树立正确的审美观，增强学生心理的自我调控能力，开阔学生的视野和思维，促使他们的心灵趋于纯净。

（二）校园文化对体育文化具有导向功能

高校体育文化存在于校园文化中，二者之间存在共同点，都以师生为主体、以校园为范围、以育人为目的。文化是时代的产物，它在一定程度上体现时代的特性，校园文化存在于社会文化中，通过各种方式和途径将社会文化纳入自身内容之中，是社会文化的反映，也是社会文化和体育文化间的传播媒介，向体育文化传达社会文化的要求与价值取向。校园文化还制约着高校体育文化的发展，对高校体育文化具有导向作用，是它的指导方针。现当代高校的校园文化正处于开放阶段，接收来自社会文化的各种思想理念，各种观念在高校校园中汇集发生碰撞，对体育文化的发展也有一定影响。由于社会文化纷繁复杂，其中也会存在一些消极有害的文化，这些文化并不利于校园文化和体育文化的发展。体育文化作为校园文化的一部分，对校园文化具有反作用，在一定程度上会通过某些教育现象和问题向校园文化反馈这些不利信息，致使校园文化对社会文化进行有目的的比较和评价，对体育文化进行更加优质的引导，因此在一定程度上，体育文化对于校园文化具有反馈作用。

（三）体育文化是校园文化的核心之一

体育文化是校园文化的核心之一，校园文化是体育文化的外部延伸。校园文化的本质就是培养学生，主要培养学生学习知识与技能、树立正确的三观、陶冶情操、提高审美能力等方面。体育文化是指体育知识、体育技能以及体育精神，体育文化对于培养学生的这些能力具有其他学科不可替代的作用。要促进高校学生思想和人格的成熟，让他们不只是从书本和课堂上获取知识，还能从良好的校园风气中获取其他有利于发展成长的知识。丰富多彩的校园文化能够给学生提供良好的成长环境，更多的学习机会来接受体育文化教育，为他们提供自我展示与实践的机会和条件，提高文化素养。

（四）体育文化与校园文化具有相互推动的作用

校园文化的核心是校园精神文化，校园精神文化可以分为三种形态，一种是观念型，大致包括道德观念，价值观念，伦理观念，审美观念等多种思想观念；一种是素质型，是在长时间的实践过程中形成的具有校园特色的精神；还有一种是智能型，其主要目的是开发智力，增长知识。通过长时间的实践探究发现，体育文化对于校园文化具有推动作用。教师通过课堂这一传播媒介将体育方面的文化知识传授给学生，有利于培养学生的思维能力。教师利用自身的人格魅力，将正确的世界观、人生观和价值观潜移默化的感染学生，培养学生正确的审美观，促进学生综合素质的发展。体育文化是校园文化中的一部分，校园文化是体育文化存在与发展的大环境，对体育文化具有导向作用。校园文化的提升与发展也会带动体育文化的发展，从而为体育文化提供更广阔的范围与更优质的导向。

三、高校体育文化与校园文化的实践策略研究

校园文化建设需要将三个面向和培养全面发展的人作为体育文化建设的目标；校园文化建设必须把崇尚科学作为体育文化建设的宗旨；校园文化建设必须把发挥师生的创造力和想象力作为体育文化建设的动力；校园文化建设把制定规则作为体育文化建设的核心。不论是校园文化建设还是体育文化建设都离不开师生的努力，通过制定权责明确的规定来约束行为，处理师生之间的关系，是社会的理性化的要求。

体育从广义上看是人们与社会、自然界、个体三者之间的竞争，从狭义上讲是个体之间关乎智力和体力上的较量。将体育竞争之一观念融入课堂学习中，一定会激发学生学习的热情和学生积极进取的心情，能够促进社会的进步与发展社会主义现代化。在校园文化建设中要使学生认识到体育文化是一种精神产物而不是物质产物，并且体育文化要在校园文化的建设中力求有效性的最大化，在一定程度上促进了体育文化不断自我更新整理的作用。

校园文化的形成离不开学生的参与，当学校里的新理念被全体成员赞同并且接受的时候，才能内化为每一位成员的思想，才能形成群体的行为，逐渐成为校园文化。在校园文化与体育文化互动的时候，学生就是连接两者的媒介，在它们之间传递各种信息，并通过自己的行为表现出来。

综上所述，体育文化不仅是校园文化的重要组成部分，还在校园文化中起着不可替代的重要角色。它与校园文化存在多种相同之处，它的建设方向和工作形式与校园文化都有不可磨灭的关系。因此，要在体育文化的推动下培养学生树立正确的世界观、人生观、价值观，为社会的进一步发展培养人才。

第四节　基于体育文化视角的高校体育课程考试改革

本节通过对当前高校体育考试现状的研究，揭示其在培养学生身体素质、提高学生体

育文化修养等方面存在的问题，同时结合学生成长发展规律及成功经验的综合分析，提出基于体育文化培养的高等学校体育课考试改革实践与模式构建策略。

一、传统体育考试现状

（一）传统体育考试内容

通常来讲，高校体育考试大概要考以下几点：运动技术、运动理论、身体素质等，所有项目的考试都有严格的规范。由于不同学生的实际情况也不相同，每个人的运动能力、身体素质以及相关技术的学习能力都是有着很大差别的。以往的考核不够灵活，过于僵硬，没有考虑到学生的实际情况，这就导致体育考试反而会给一些学生带来不好的影响。有些学生运动天赋不佳，很难通过相关考试，这些学生面临着很大的心理上的压力，可能出现自卑的情绪，严重甚至会对体育课感到厌烦，这就违背了体育课考试的初衷，同时也不利于体育文化的发展。

（二）传统体育考试方法

现如今，高校体育课考试通常是将教师视为核心，学生被动地接受考核，考试方法缺乏多样性，打分标准有的时候过于僵硬。而且只凭借一次考试的成绩来给学生整个学期进行打分是有失公允的，缺乏客观性。

二、体育文化视角下的高校体育课考试改革方向

（一）考试内容尽可能的多样化

如前文所述，传统的考试内容通常比较单一，各方面都比较僵化。随时社会的发展及体育的兴盛，这种考试方法已经不再适用于当今的高校学子。为更好地将体育文化进行推广和深化，有些高校正在尝试多样化的进行体育考核。例如说，将平时成绩算作期末成绩的一部分，给学生更多的表现机会。这里说的平时成绩指的是考勤成绩、课堂表现以及课堂测试这三项内容；而实际的考试则有技术以及素质这两大项。笔者在这方面有着非常丰富的经验，并建议高校应该扩宽体育课所涵盖的内容，比如说，目前大部分学校的体育课都是以球类为主，而学校应该对体育内容进行丰富，比如说，增添体育舞蹈、健美操武术等等，学生有权利挑选自己感兴趣的体育课程和教师，这样可以很好地激发学生对于体育课的学习热情，在学生对体育课有了兴趣之后，学习的效果就会有很大的提升，不但成绩也会有进步，对体育运动的爱好程度也会随之得到明显增强。

（二）个人考核向团队考核转变

如今，很多高校都开设了健美操以及太极拳体育课程，通常来说这两门课的考试形式为让各个学生将之前学到的东西实际的练一遍，教师根据学生演练的情况进行打分。而笔者认为，如果想要更加合理且客观的进行考核，最好选用团队考核的方法，也就是让几个

学生组建一个团队，教师对团队的整体表现进行打分。这个方法可以很好地加强学生的责任心以及团结协作的能力，学生可以从中得到很大的收益。团队考核的形式不光能够更全面的对学生进行考核，而且还减少了教师的工作量，可谓是一举多得。

（三）统一标准向鼓励进步转变

大学生体育课程是学生体育文化素养培养的重要途径，但由于每一个学生的实际情况都不相同，就算在课堂上接受了相同的教育，因为学生本身就具有学习能力上的差异，因此不同的学生对于技巧的掌握效率和效果有一定的差距，故而对体育综合素质的养成效果也大有不同。正因如此高校体育考试需要进行改革，应该更加的柔和与灵活。笔者认为，不同学生的实际状况也不相同，教师需要对学生的实际状况有所了解，之后进行有针对性的教学。这样教师就能够更有效地完成教学工作，体育综合素养也能够更好的得到提升，在对体育文化的建设而言，也是有着重要的辅助作用的。

（四）考试方法由单一闭合式向开放互动探研式转变

传统体育课考试一般采用单一闭合式方法为主，即学生考试、教师打分。而开放互动式的方法，是让学生参与到教师的考试评分中，进而让学生了解评分标准，学生之间相互评分，学生与学生互动，学生与教师互动。

笔者在健美操考核时尝试开放互动式的方法，学生通过考试评分了解了健美操套路考试的评分要求与规则，同时使学生探研健美操套路的组成与动作编排，这既提高了学生的学习兴趣，又形成了教学内容与考试方法的良性互动关系。由于学生参与考试评分，多人制评分对学生成绩相对公正公平，同时也培养学生诚实做人、诚信办事的基本道德，这对学生体育品德的培养也是大有帮助的。

综合以上，若想切实的做好体育文化的推进以及深化工作，就体育教师就需要不断地激发学生对于体育运动的兴趣与热情，要在这方面进行相应的引导，帮助学生更好地成长。教师需要因材施教，让每一个学生都能够感受到体育教学带来的乐趣。而教师需要通过体育考试对学生的学习质量进行检查，这对于加强学生的运动能力可以起到很好的效果，从而学生可以借此更好地成长，塑造健康的体魄。

第五节　我国高校体育文化建设与实践

当前，建立和健全一套完整并且高质量的高校体育文化对于推动我国的高等教育的发展具有深刻的意义。本节正式基于此，针对当前我国高校校园体育文化的发展现状，提出了一些关于建设我国高校校园体育文化的建议和实践方法。

一、高校校园体育文化建设的现状

（一）校园体育管理制度的限制

目前，由于受各种传统校园管理体制下的束缚，导致传统的体育教学以及考试评分制度较大地限制了高校学生体育活动朝个性化方向发展的潜力，同时也造成不少学校的体育课外活动流于形式，或者是在体育教师指导下的体育活动范围狭小，学生自主建立的自身体育组织的经验尚不足。同时，考虑到受传统文化的影响，现行高校教育目标导向及学生就业负担等因素的综合影响，以校园体育活动方式来达成交往，从而形成开放向上的高校体育文化生活更有待强化。

（二）校园体育精神文化建设的落后

对于高校来说，校园体育文化的构建重在培养学生兴趣以及良好的体育道德和体育精神。然而当前的实际情况是目前在我国的高校，教育部门对体育文化认识的偏差还很大，甚至一些教育主管部门认为在高校开展体育实为为累赘，而且认为师生只要身体健康，会锻炼和活动就可以了，谈到体育意识观念，都是指出非专业所需大可不必加以强化。因此就更谈不上在校园文化教育中用体育的精神去激励人的意志的培养，鼓舞人的斗志。故而我们也可以看出当前的高校校园的体育精神文化还十分匮乏。

（三）校园体育物质文化建设的落后

目前我国许多高校的体育场地以及器材建设显得相对滞后，客观上已经满足不了学校体育的需求。尽管目前也有部分高校的体育场馆设施建设成效还算显著，但由于学校管理体制上管得过多，造成体育场馆设施的利用率非常低，使得许多学校体育物质设施形同虚设。因此，当前高校的体育文化物质层面建设应引起学校领导的高度重视。

二、我国高校体育文化建设与实践策略

（一）转变传统的高校体育教学观念

学校要在教学中要增强对学生体育意识以及健康意识的教育，并积极培养学生自觉参与学校体育锻炼的兴趣和习惯，使他们能够在平时的教育过程中感受到良好的体育思想教育，培养社会需要的高层次人才，同时另一方面，学校也要把当前体育教育与学生的终身体育教育有机地联系起来，最终使学生树立终身体育的意识。

（二）优化高校的体育教学管理内容和方法

1.体育教学内容的优化

体育教学内容的合理性和科学性对建设高校校园体育文化具有至关重要的作用。因此在选择体育教学内容时，教师要充分考虑到学生的自我学习价值，并选用健身性与娱乐性以及科学性与可接受性的体育教学内容来加以导入，并以最大限度地来满足高校学生对体育文化的需求和兴趣。除此以外，还要进一步增加体育理论课的比重，注重对学生科学锻炼身体提供丰富理论知识和方法指导，在平时的教学课中增加身体锻炼知识以及锻炼方法等内容。当然，如体育运动处方原理以及运动生理效果等知识也应安排在平时的体育课中。

2. 校园体育教学方法和手段的优化

平时的体育课堂教学要充分体现高校教学形式的多样化，并且要借助学校的现代教学手段中的图片资料以及网络系统等现代多媒体教学手段来积极组织教学，或者组织利用诸如，电视实况转播以及现场组织观看竞技体育比赛等多种形式对学生进行全方位的体育文化教育。学校应大力推广如：程序教学、发现教学、游戏教学以及兴趣教学等创新方法。与此同时，学校的现代化的教学手段如电化教学和多媒体教学也应得到教师的广泛重视和运用，在这种环境中来综合提高高校的体育教学。

（三）高校校园体育物质文化层建设

首先是各高校要逐步增加对教学体育的经费投入，主管部门要把体育设施的建设作为评估整体教学环境和教育质量的重要内容，并同时建立起一套科学的评估指标体系，把学校的体育设施建设作为高校办学条件和办学水平的重要考核内容之一加以强化，这样才能有效督促学校对体育设施建设的投入。其次是提升学校的体育物质设施的利用率。结合国内外体育场馆经营管理实践经验，学校的体育场馆设置在满足高校体育教学以及训练需要的前提下，应该积极从福利型和公益型向经营型逐步转变：比如，顺应全民健身的热潮，逐步向全社会来开放体育场馆；采用体育会员制，建立体育休闲俱乐部并适当收取会员费，而开放对象为全校的师生和职工以及市民等；学校也可以利用周末搞一些比较特色的体育服务，为广大人民群众提供体育休闲娱乐的空间；学校也可以利用寒暑假等时间来办短训班以及夏冬令营等活动。诸如这些活动使体育场馆得到充分合理的利用。

（四）推动校园体育文化创新模式的建设

1. 建立高校课余的体育俱乐部

而且在高校实施体育俱乐部，开展适合的课外体育活动应以满足学生的需要为基本原则，要提倡学生的自我健康投资，并且要以俱乐部的多样性和自主性为根本的指导思想加以引导。考虑到我国俱乐部形式的社会体育组织尚还不健全，因此，高校的课余体育俱乐部的建设应积极取得校方领导以及团委或者体育部等多方面的支持和帮助，这样才能使俱乐部的管理逐步走向独立和规范。

2. 建立适合学校特色的校园体育文化节

校园体育文化节是深受在校学生欢迎的体育创新活动，而且校园体育文化节的确立使校园的单一的运动竞赛逐步转变为了融健身，娱乐和竞技于一体的校园综合性体育文化活动，体育文化节使得学校的单纯的体育健身逐步转变为育体、益智、健心和促德的体育文化活动，充分发挥了体育所具有的生物，心理，社会等多维功能。当然高校的体育文化节的具体活动规模、内容以及形式必须根据学校的办学性质、学生特点以及校园环境和实际场地器材等实际情况而定。

（五）创建丰富的网络校园体育文化

各高校应该充分利用学校的现代网络技术所提供的条件，在校园网上逐步建立校园体育网页，这样才能更好地为校园体育文化的建设提供服务支持。这就需要我们学校：首先应积极抓好体育教学内容信息的相关开发，为在校师生提供丰富的体育教育教学服务。其次还要建立网上的体育俱乐部以及多媒体教室和阅览室，为在校学生提供体育学习的网络空间，并可以在相关主页上开设校园体育新闻通讯，在线体育赛事，在线院校体育交流，并以此来丰富校园体育文化生活。

综上所述，作为一项非常复杂的系统工程，校园体育文化建设需从思想以及制度和物质等多方面的协同配合，立足于眼前的现实，并着眼于长远的发展，进而推进高校教育水平的进一步提高。

第六节　高校校园体育文化的作用高校校园体育文化的作用

高校校园体育文化是在高校校园的育人环境中，以高校校园为空间、以学生为主体、以教师为主导，广大师生通过体育教学、群体活动、体育竞赛等体育的行为方式在大学校园里传播与流通，以促进学生个体成长和提高全员文化、身体素质及审美情操为目标，由全体师生员工在各种体育活动中相互创造出来的一切物质的、精神的成果。是反映大学生特有的思想观念。价值取向和行为方式的亚文化，是一种较为特殊的社会文化形态。高校校园体育文化作为校园文化的一个重要组成部分问世以来，对高校体育产生了巨大影响，他随着社会文化的发展而不断地更新和丰富自己的内容，为了进一步发展高校体育文化，丰富和更新高校校园体育文化，探讨高校校园体育文化的特征和作用，从而为改进和提高高校校园体育文化研究提供一定的理论参考依据。

高校校园体育文化是指：在高校这一特定的范围内所呈现的一种特定的体育文化氛围。是人们在高校教学和科研实践过程中所创造地体育精神财富和物质财富的总和。他是高校的师生员工在体育精神财富和物质财富的总和。他是高校的师生员工在体育教学、健身运动、运动竞赛、体育设施建设等活动中形成和拥有的所有的物质和精神财富，以及体育观念和体育意识。他是以大学生为主体，以课外体育文化活动为主要内容，以高校校园为主要空间，以高校校园精神为主要特征的一种群体文化。这种特定的高校校园体育文化氛围是和高校的培养目标、校风校纪、生活方式等内容相联系的，是一种有着深刻内涵和丰富外延的独特的高校文化现象。高校校园体育文化与德育、智育、美育文化等一起构成了高校校园文化群，同时又与高校竞技运动文化、群体体育文化一起组成了广义的高校体育文化群。因此，高校校园体育文化作为高校校园精神文明建设的一种途径和形态，从而构成了高校校园文化不可缺少的一部分。

一、研究高校校园文化的目的

高校校园体育文化从社会学角度来讲，是社会文化的一个缩影，是社会文化在校园中的一种表现形式，他又是整个体育文化系中的一部分，也是整个教育文化体系中的一部分。高校校园体育文化作为社会文化的形态之一，它来源于社会大文化，以社会文化为背景，滋生于社会，而又不同于社会文化的一种特殊文化，这种特殊文化就是高校校园体育文化。高校校园体育文化，不仅具有强烈的个性，而且具有自己的特殊功能，他对大学生的人生观产生着潜移默化的深远影响，而这种影响通常是任何专业课程所无法比拟的。大学生通过高品位的校园文化熏陶，可以增强对人文社会科学的兴趣，促进自身的思想观点、心理素质、价值取向和思维方式的改变。一位哲人曾说"对大学生真正有价值的东西，是他周围的环境"。大学生在高品位的校园体育文化的影响下，可以弥补大学人文学科课堂教育的不足，增强群体向心力与凝聚力，扩大大学生进行健身、娱乐、交流、沟通的机会。加强高校校园体育文化建设，是引导校园群体共同的价值认同、价值取向、心理特征、行为方式向良好方向发展的一种途径，是为大学生提供丰富营养和提高自身内涵的重要形式；利用校园体育文化活动，既能促进大学生文化素质和身心素质的提高，又能促进大学生学科专业的深化，相互促进，相得益彰。因此，加强高校校园体育文化建设，创造一种和谐有序、健康向上、文明和谐的育人环境与氛围，并形成良好的校风，是研究和发展高校校园文化建设的目的。

二、校园体育文化在高校校园文化建设中的地位与作用

高校校园体育文化石英姿高校人文气息、文化氛围不可缺少的重要部分，是推动高校校园文化发展最有力的催化剂。体育运动是体育文化发展的主要载体，他不仅能起到增进健康，增强体质的作用，而且更重要的是在体育运动中所崇尚的一种公平竞争、团结协作的道德风尚；一种尊重自己、尊重他人、自强不息、自信不止的道德品质；一种促进相互交流、相互协作的精神，这正是我们所追求的人文精神。校园体育文化不仅具有丰富的体育知识，修身养性，传播健康方法，营造健康向上、积极活泼的校园文化氛围，给学生搭建充分展示才华和特长的平台。更重要的事通过丰富多彩的校园体育文化活动，培养了学生的参与意识和组织能力，促进了学生人格的完善和情感态度价值观的形成，从而提高了大学生的品德修养。在弘扬积极向上的校园体育文化熏陶中，大学生在忘我的拼搏中，锻炼了意志品格，陶冶了情操，心灵得以净化，人格得以升华，这对身心健康将起到非常积

极的作用。

黑龙江大学校长在谈到校园体育文化时说："体育给文化启蒙带来很多东西，体育比赛中自由发挥的创造精神、挑战生理极限的挑战精神、服从团队和裁判的规则意识，都是现代人最重要的文化素质。正是因为这样，无论是从事体育运动还是观看体育比赛，都会对人有启发作用。文化校园建设是将课堂教学和其他方面融合起来，构成全方位育人和文化启蒙，而体育是这其中的重要部分。"体育及体育文化有利于培养人们顽强拼搏、勇攀高峰的精神品质，有利于弘扬团结合作、公平竞争的社会风尚，有利于树立民族自尊心、自信心和自豪感，增强爱国主义、集体主义观念，有利于促进学生身心健康。总之，体育对振奋精神、增强学生的凝聚力、提高学生道德品质、展示学校形象、提升学校水平都具有重要的意义。

三、校园体育文化对形成良好校风具有促进作用

校园体育文化是存在于校园这一特定环境中的文化形态。公平竞争、团结协作、自强不息、自信不只是体育精神的精髓，它以特有的魅力与作用对学生的身心健康发展起着强大的潜移默化的影响，更成为校园文化多内、外展示的窗口。"更快、更高、更强""团结、友谊、进步""重在参与""公平竞争"等奥林匹克精神其魅力就深藏在体育文化的底蕴中。体育及校园体育文化是校园文化中最活跃、参与人数最多、开展最广泛、持续时间最长、对人产生极其深远的影响的文化活动。我国有不少高校通过校园体育文化的营造，对校风、学风建设取得了显著效果。如，三峡大学，学校以丰富多彩的活动为载体，着力营造人文、科学精神相结合的校园文化，是学校思想政治状况、宣传舆论氛围、师生文明素质、校园综合治理等方面均呈现出新气象，促进了教职员工的交流与沟通，增进师生员工的团结和深度融合。尤其是在提倡素质教育的今天，高校的培养目标就是把大学生能培养成为集知识与技能，智慧与体魄为一体的全面型人才。总之，大学校园的人文气息和文化氛围深深地影响着一代又一代大学生的成长，弘扬"诚信、奋斗、进取、创新"的办学精神，对提升一个学校的办学层次和办学水平，具有十分重要的作用。在营造良好的校园人文氛围、培养大学生健康成长中，高校校园扮演着十分重要的角色；在推动校园文化和精神文明的建设中，高校所形成的校园文化发挥了不可替代的作用。

四、校园体育文化具有促进大学生成长的作用

校园体育文化作为一种社会文化，是学校在长期的教学时间过程中逐步形成的，更是在广大师生直接参与和精心培养下发展起来的。他对改善学生的智能结构，加强学校与社会的交往，传承、借鉴人类社会的文明，提高学生的积极性、主动性、和创造性，促进教育改革的深入发展具有特殊的地位和作用。丰富多彩的校园体育文化石挖掘学生潜能、开发学生智力、从而促进学生能力发展的广阔天地，是最受学生欢迎的一种群体文化形式，

也是学生从"自然人"向"社会人"发展的"催化剂"。校园体育文化生活是师生精彩文化氛围，增添学校办学的活力，使校园生活变得多姿多彩，有效地提高师生员工的生活质量。

五、校园体育文化在人文素质教育中的作用

人文素质教育是以塑造人的精神境界、人格品位乃至民族精神为主要内容的教育。"人文素质教育的目的，主要是引导学生如何做人，包括：如何处理人与自然，人与社会，人与人的关系以及自身的理性、情感、意念等方面的问题。"加强校园体育文化建设是实现人文素质教育引导和文化启蒙的主要形式。校园文化直接影响着人的思维品质、行为价值及认知能力的形成与发展。

近代以来，随着科学技术的发展，人类进入了科技时代，技术性淡化了人性，使人失去了对他人的热情与关怀，只为自己的名誉地位忙得不亦乐乎。传统的人文教育逐渐被专业技术教育所取代；"人"的培养逐渐被"才"的训练所取代。自 20 世纪 60 年代以来，科学技术的迅猛发展给人类带来巨大物质财富的同时，也带来了许多社会问题。由于忽视人的素质教育，产生了高科技与低素质的矛盾，如：一些掌握高科技的人，由于素质上的缺陷，个性畸形发展，导致精神空虚，人格堕落，甚至异化为"经济动物""智能强盗"，高科技犯罪等，严重的扰乱了社会的秩序。因此，加强人文素质教育，使科学教育人文化，以培养出高素质的科学技术人才是社会对高等教育的必然要求。世界各国许多著名大学都能注意到了这一问题，并试图加以改造，采取的必要措施，就是加强人文素质教育。

许多人都认为现今中国的大学校园变得浮躁、媚俗、功力，缺乏诚信、缺乏人文关怀。清华大学学生"伤熊事件"反映了部分大学生的无知和对生命的漠视，以及缺乏最基本的社会公德。有人提出"净化心理、提高德商、健全心商"是高等教育刻不容缓的任务。大学生不仅要学习文化科学知识，而且更应该具有社会公德和健康的心理。培养大学生树立正确的世界观、人生观和价值观，就要以文化素质教育作为切入点，努力提高校园体育文化的格调和品位；加强学生创新意识、创新能力、创业精神和实践能力的培养。通过校园体育文化，加强素质教育，提高学生的思想道德素质、文化素质、专业素质、身体及心理素质，使大学生成为富有社会竞争力的群体。

体育文化的传播就是大力弘扬符合社会发展的人文精神。校园体育文化是维系校园团体的一种精神力量，在培育校园精神、促进精神文明建设；营造高校人文气息和人文氛围中起着重要的作用。因此，要充分利用校园体育文化资源，以人为本，让师生通过参与校园体育文化活动，去了解社会、去接触社会，培养团结协作、顽强拼搏、勇于进取、尊重事实、崇尚理性的精神风貌，促进高校教学质量的提高和素质教育的全面贯彻实施。

参考文献

[1] 曲宗湖，杨文轩．学校体育教学探究 [M]．北京：人民体育出版社 .2000．

[2] 李元伟．科技与体育—关于新世纪体育科学技术发展问题 [J]．中国体育科技，2002，38(6)：3-8，19．

[3] 徐本立．运动训练学 [M]．济南：山东教育出版社，1990：228．

[4] 王智慧，王国艳．体育科技与体育伦理辨析 [J]．体育文化导刊，2016(6)：146-148．

[5] 曹庆雷，李小兰．前沿科技与体育 [J]．山东体育科技，2004，26(1)：37-38．

[6] 董传升．"科技奥运"的困境与消解 [M]．沈阳：东北大学出版社，2004：15．

[7] 张朋，阿英嘎．科技与体育的对话—利弊述评 [J]．福建体育科技，2015，34(4)：1-3．

[8] 谢丽．从奥运会比赛成绩看运动器材的变化 [J]．体育文史 (北京)，2000(4)：52-53．

[9] 杜利军．奥林匹克运动与现代科学技术 [J]．中国体育科技，2001(3)：6．

[10] 于涛．从哲学角度再认识身体对揭示体育本质的意义 [J]．上海体育学院学报，2008(3)：18-20．

[11] 张洪潭．体育的概念、术语、定义之解说立论 [J]．西安体育学院学报，2006 (4)：1-6．

[12] 张庭华．走出体育语言——从语言学界的共识看媒体体育语言现象 [J]．体育文化导刊，2007 (7)：50-53．

[13] 黄聚云．从哲学角度再认识身体对揭示体育本质的意义 [J].2008 (1)：1-8．

[14] 爱德华·萨丕尔．语言论 [M]．北京：商务印书馆，1985．

[15] 于涛．体育哲学研究 [M]．北京：北京体育大学出版社，2009．

[16] 董文秀．体育英语 [M]．北京：人民体育出版社，2009．

[17] 伊恩·罗伯逊．社会学 (下) [M]．北京：商务印书馆，1991：719．

[18] 汪寿松．论城市文化与城市文化建设 [J]．南方论丛，2006 (3)：101．

[19]R.E. 帕克．城市社会学 [M]．北京：华夏出版社，1987：41，154．

[20] 乔尔·科特金．全球城市史 [M]．北京：社会科学文献出版社，2006：3．

[21] 卢元镇．体育社会学 [M]．北京：高等教育出版社，2001：211．

[22] 乔治·维加雷洛．从古老的游戏到体育表演 [M]．北京：中国人民大学出版社，2007：107

[23] 王祥荣．生态与环境——生态可持续发展与生态环境调控新论 [M]．南京：东南大学出版社，2000：55．

[24] 郑杭生 . 体育学概论新编 [M]. 北京：中国人民大学出版社，1987：345.

[25] 周爱光 . 体育本质的逻辑学思考 [J]. 武汉体育学院学报，1999(2)：19-21.

[26] 熊斗寅 . "体育"概念的整体性与本土化思考：兼与韩丹等同志商榷 [J]. 体育与科学，2004(2)：8-12.

[27] 王春燕，潘绍伟 . 体育为何而存在：20 世纪 80 年代以来我国体育本质研究综述 [J]. 体育文化导刊，2006(7)：46-48.

[28] 宋震昊 . "体育"本体论（二）：体育概念批判 [J]. 南京体育学院学报：社会科学版，2006(3)：1-6.

[29] 胡科，虞重干 . 真义体育的体育争议 [J]. 南京体育学院学报：社会科学版，2010 (4)：59-62.

[30] 张军献 . 寻找虚无上位概念：中国体育本质探索的症结 [J]. 体育学刊，2010 (2)：1-7.

[31] 崔颖波 . "寻找虚无的上位概念"并不是我国体育概念研究的症结：与张军献博士商榷 [J]. 体育学刊，2010(9)：1-4.

[32] 何维民，苏义民 . "体育"概念的梳理及匡正 [J]. 武汉体育学院学报，2011(3)：5-10.